SOFRIMENTO
Por que Deus o permite?

PUBLICAÇÕES RBC

SOFRIMENTO
Por que Deus o permite?

dos editores do Pão Diário

Sofrimento — Por que Deus o permite?
© 2014 Ministérios RBC. Todos os direitos reservados.

Autores: William E. Crowder, Kurt DeHaan, Mart DeHaan, Ron Hutchcraft, Herb Vander Lugt
Edição: Rita Rosário
Coordenação editorial: Dayse Fontoura
Revisão: Dayse Fontoura, Rita Rosário, Thaís Soler
Tradução: Astrid Rodrigues, Cláudio F. Chagas, Bianca Girofani
Projeto gráfico e capa: Audrey Novac Ribeiro

Dados Internacionais de Catalogação na Publicação (CIP)

Ministérios RBC
Sofrimento — Por que Deus o permite? William E. Crowder, Kurt DeHaan, Mart DeHaan, Ron Hutchcraft, Herb Vander Lugt
Tradução: Astrid Rodrigues, Cláudio F. Chagas, Bianca Girofani — Curitiba/PR, Publicações RBC.

1. Fé   3. Esperança
2. Vida cristã   4. Sofrimento

Proibida a reprodução total ou parcial, sem prévia autorização, por escrito, da editora.
Todos os direitos reservados e protegidos pela Lei 9.610, de 19/02/1998.
O texto inclui o acordo ortográfico conforme Decreto n.° 6.583/08.

Exceto quando indicado no texto, os trechos bíblicos mencionados são da edição Revista e Atualizada de João Ferreira de Almeida ©1993 Sociedade Bíblica do Brasil.

Publicações RBC

Rua Nicarágua, 2128, Bacacheri, 82515-260, Curitiba/PR, Brasil
Email: vendas_brasil@rbc.org
Internet: www.publicacoesrbc.com.br • www.ministeriosrbc.org
Telefone: (41) 3257-4028

Código: P4612
ISBN: 978-1-58424-662

1.ª edição: 2014
1.ª impressão: 2014

Impresso no Brasil • Printed in Brazil

Sumário

Por que a vida é tão injusta?   9
por Bill Crowder

Por que o bondoso Deus permite o sofrimento?   41
por Kurt DeHaan

Deus deseja o meu bem-estar?   73
por Herb Vander Lught

Sobrevivendo às tempestades do estresse   105
por Ron Hutchcraft

Como posso ter certeza de que Deus existe?   133
por Mart DeHaan

O quanto Deus controla?   163
por Herb Vander Lugt

Introdução

Quando sofremos ou refletimos sobre as desigualdades e injustiças que aparecem nas páginas da experiência humana, ficamos confusos ou amargurados. Por que, nos perguntamos, um Deus bom permite essas experiências ruins? Ele realmente se preocupa com o bem-estar da humanidade? Quanto controle o Senhor exerce sobre a história humana, seus sucessos e fracassos? O Deus da Bíblia é real? Como um cristão verdadeiro deve reagir às provações? Sou culpado por meu sofrimento?

Os textos deste livro foram selecionados dentre os livretos da série *Descobrindo a Palavra* e buscam responder aos seus questionamentos e abrir o caminho para que as respostas encontradas na Palavra de Deus o orientem em sua caminhada de fé. Eles satisfarão os seus questionamentos pessoais e ajudarão a manter a questão da dor dentro de uma perspectiva correta.

Que o Senhor use estas palavras para abrir os seus olhos às oportunidades de crescimento à sua frente e que Jesus, o "…desprezado e o mais rejeitado entre os homens; homem de dores e que sabe o que é padecer" (Isaías 53:3), lhe revele os Seus propósitos em meio às provações.

—dos editores do *Pão Diário*

SOFRIMENTO
Por que a vida é tão injusta?

A história do Salmo 73

por Bill Crowder

As perguntas difíceis que as pessoas fazem

Ouvimos nos noticiários e lemos diariamente nos jornais e na internet sobre pessoas que sofrem e lutam com as perguntas difíceis da vida.

- Uma mãe chora, do lado de fora de uma sala de tribunal, onde o assassino de sua filha acaba de ser liberado por causa de uma questão técnica na interpretação da lei. Ela questiona: "Não existe justiça?"
- Um pai luta para sustentar a sua família, trabalhando duro e fazendo o que é certo. Mas quando pensa naqueles que se tornaram ricos por meios ilegais, ele se pergunta: "De que adianta fazer o que é certo? Talvez seja verdade que os honestos sempre chegam por último."
- Uma criança é levada apressadamente ao hospital. Mais uma vítima de uma bomba terrorista ou bala perdida. A sua família chora alto: "Por que ele? O que ele fez para merecer isto?"
- Uma viúva senta-se ao lado de uma sepultura recente e soluça: "Não é justo. Por que o motorista embriagado não morreu em lugar do meu marido? Ele nada fez de errado."

Onde podemos encontrar respostas num mundo que parece tão injusto?

Estas são apenas algumas perguntas que perseguem aqueles que refletem sobre a iniquidade, a injustiça e a desigualdade da vida. O que podemos dizer às pessoas que estão sofrendo ou, quem sabe, a nós mesmos? Onde podemos encontrar respostas que restaurarão a nossa confiança, não somente na vida, mas em Deus?

Um homem de fé entristecido

Com o tempo, compreendi que uma das coisas mais benéficas que uma pessoa ferida pode fazer é voltar-se para as páginas centrais da Bíblia. Ali, num antigo livro de hinos chamado Salmos, encontramos palavras que são honestas e animadoras.

Os Salmos são úteis porque nos ajudam a expressar a ira, o temor e a frustração que são tão reais em nossos momentos difíceis, antes de animarem os nossos espíritos em renovada esperança.

Um dos escritores era um homem chamado Asafe. Ele escreveu as palavras do Salmo 73 como uma resposta à sua própria decepção e crise de fé. Embora não tenha revelado os detalhes da sua experiência (talvez para que seja mais fácil nos identificarmos com a sua dor), nos revelou a história dos seus pensamentos e emoções. E o quadro não é muito bonito.

Por que a vida é tão injusta?

No Salmo 73, Asafe nos chama a atenção por sua honestidade. Ele nos apresenta uma decepção de tanta profundidade, que por certo tempo teve receio de admitir. Todavia, havia chegado a hora de contar-nos a sua história. Estava pronto a admitir que se sentira traído, não somente pela vida, mas por Deus.

As lentes pelas quais observou o seu sofrimento estavam embaçadas por ressentimento pessoal e confusão. Resumindo, disse: "Por que isto está acontecendo comigo? Confiei no Deus dos nossos pais. Tentei permanecer fiel ao meu Deus. Tentei fazer as escolhas certas. Mas estou sendo esmagado pelos problemas, enquanto as pessoas com menos princípios, prosperam. *Simplesmente não é justo!*"

Por que Deus não faz cumprir as Suas próprias leis?

Asafe teve estes sentimentos de injustiça porque na antiguidade, os judeus em Israel enxergavam a vida sob a ótica de uma "rede de retribuição". Esta também podia ser chamada de "a lei dos resultados justos". Este princípio dizia, basicamente, que aqueles que fazem o bem são recompensados segundo a proporção da sua bondade, enquanto os rebeldes morais são punidos conforme seus erros.

Este princípio do Antigo Testamento é equivalente à "lei da semeadura e colheita" que encontramos no Novo Testamento:

Não vos enganeis: de Deus não se zomba; pois aquilo que o homem semear, isso também ceifará. Porque o que semeia para a sua própria carne da carne colherá corrupção; mas o que semeia para o Espírito do Espírito colherá vida eterna
(GÁLATAS 6:7,8).

O princípio de retribuição ou dos resultados justos era uma suposição comum do povo judeu. Por causa da sua compreensão limitada da vida após a morte, os israelitas da antiguidade esperavam que a justiça se cumprisse nesta vida.

Vemos este princípio expresso algumas vezes, no Antigo Testamento, como um fato teológico ou como palavras de esperança para uma pessoa em sofrimento (como nos Salmos 34 e 37). Mas onde quer que o encontremos, este princípio fazia parte do sistema de ideias por meio do qual o povo escolhido observava a vida.

Compreendemos mais facilmente o livro de Jó quando o vemos neste mesmo contexto. Como os amigos de Jó acreditavam que as pessoas sofrem na proporção dos seus erros, eles o acusaram de esconder o pecado que explicaria o seu sofrimento. O engano deles, todavia, consistiu na presunção de que a justiça de Deus seria a única explicação para as circunstâncias presentes, fossem elas boas ou más.

Isto começa a desvendar o problema que constitui o pano de fundo do Salmo 73: *O que acontece quando as pessoas más parecem ser abençoadas enquanto as pessoas boas parecem sofrer maldição?*

Por que a vida parece estar fora de sintonia?

Quando Asafe escreveu o Salmo 73, ele não falava apenas de teologia nem fazia uma análise fria dos problemas de outra pessoa. Ele estava sofrendo e lutando. As suas palavras e emoções têm uma intensidade sofrida e específica que trazia à superfície perguntas contundentes até então escondidas nas profundezas do seu coração.

Não é difícil compreender por que sofria. A sua experiência era semelhante a nossa, de várias maneiras. Ele falava por nós. Cria em Deus e em bondade e justiça, no entanto, a experiência de vida de Asafe não estava de acordo com as suas convicções. Na realidade, parecia que a sua fé tinha virado de cabeça para baixo. Se quisesse manter a sua fé, tinha que encontrar respostas. As suas teorias teológicas tinham sido substituídas pela dor pessoal e decepção.

O que motivou a frustração em Asafe?

Um dos meus ditados favoritos diz: "A vida deve ser vivida olhando-se à frente — infelizmente, só a compreendemos olhando para trás." Em outras palavras, às vezes a clara compreensão dos acontecimentos em nossa vida surge apenas quando os vemos pelo espelho retrovisor.

Existe algo na perspectiva do *retrovisor* que nos permite ver um contexto mais significativo e preciso daquilo que já experimentamos.

Olhando para trás posso ver que as disciplinas e os desafios dos meus anos universitários foram um treino importante para os 20 anos que passei no ministério pastoral — muitas vezes, e de forma que nunca poderia ter imaginado. Da mesma maneira, ao refletir sobre as alegrias e preocupações da experiência pastoral, vejo agora, que Deus estava estabelecendo um fundamento para o que estou fazendo hoje. A vida muitas vezes é mais nítida quando temos a chance de vê-la pela perspectiva do espelho retrovisor.

A dor do presente

O autor do Salmo 73, também aprendeu a valorizar a visão retrospectiva. Chegou ao ponto em que podia olhar para trás, para uma época da sua vida que esteve cheia de desespero, dúvidas e dor pessoal. Lembrou-se de que, naqueles tempos, questionara a bondade e a justiça de Deus. Somente pela visão retrospectiva conseguiu encontrar sentido para a sua vida. Observe as suas palavras iniciais:

Com efeito, Deus é bom para com Israel, para com os de coração limpo (v.1).

Lembre-se de que o ponto central nas dificuldades de Asafe era o fato de que os justos, "...os de coração limpo", pareciam não ser abençoados. Existem diversas perspectivas sobre o significado do versículo 1. Alguns veem esta afirmação como a "profissão de fé" deste homem, aquilo que ele realmente acreditava sobre a vida. Entretanto, Asafe se encontrava em conflito porque as realidades da vida pareciam ser contrárias a sua convicção.

Outros veem o versículo 1 como o início de diversas inversões no seu pensamento. Eles o veem começando com fé, depois entrando num período de desespero e bem próximo do abandono. Com certeza, esses elementos de frustração e perda estão evidentes nesta canção.

Pode haver aspectos das duas ideias, bem como um terceiro fator. É possível que a experiência de Asafe, no Salmo 73, tenha sido descrita olhando-se pelo espelho retrovisor — um vantajoso ponto de observação que lhe permitiu ver melhor a intensidade das suas reações.

Seu coração havia sido o campo de batalha no qual travou suas lutas. Em sua vida particular desencadeou-se uma batalha para decidir se iria ou não confiar sua vida a Deus. No Salmo 73, Asafe expôs sua alma e revelou o seu conflito alarmante, e onde isto quase o levou.

A intensidade do desespero

Quando Asafe relatou sua experiência, expôs o seu coração como se estivesse retirando as camadas de uma cebola. Ele relembrou as suas reações à medida que começou esse episódio de desespero e perda, e essas reações foram trágicas:

Quanto a mim, porém, quase me resvalaram os pés; pouco faltou para que se desviassem os meus passos (v.2).

Observe a exatidão da visão retrospectiva. Por esse motivo as pessoas dizem "agora que passou é fácil entender". Enquanto estava vivendo sua prova de fogo, suas queixas pareciam apropriadas, até justificadas. Porém, agora, ele podia vê-las pelo que realmente eram: uma tentação perigosa para desertar e cair.

Conseguia recordar os pensamentos que fervilhavam sob a superfície — não apenas com honestidade, mas também com mais objetividade.

Pois eu invejava os arrogantes, ao ver a prosperidade dos perversos (v.3).

Sua franqueza golpeia profundamente o meu próprio coração. Questiono-me se eu seria tão honesto em relação às minhas próprias falhas. Pergunto-me se seria tão transparente. Sua dolorosa autoexposição me atinge com o desafio de ser autêntico e honesto comigo mesmo — e com Deus.

Mas o que Asafe estava confessando? O que nós muitas vezes sentimos, mas raras vezes reconhecemos: às vezes, estamos dispostos a invejar a prosperidade daqueles que não conhecem Deus. A crença do autor deste salmo lhe dizia que, se confiasse em Deus, tudo daria certo após um tempo. Mas esse tempo parece muito longínquo quando se está em meio aos sofrimentos e se é obrigado a assistir enquanto outros parecem se beneficiar dos erros que cometem.

A desigualdade da vida

A luta no coração de Asafe era sobre a injustiça que observava ao seu redor. Aqueles que não tinham tempo para Deus prosperavam, enquanto as pessoas de fé sofriam. Pouco mudou a esse respeito, pois isto ainda acontece hoje, não é mesmo? Há alguns anos, quando visitei Moscou, alguns amigos russos me contaram que a pobreza era tão grande que o professores eram pagos com vodka (para usá-la em troca de alimentos nas ruas) e que uma cirurgiã famosa de Moscou tinha que plantar vegetais em seu quintal para sustentar sua família. No extremo oposto, ouvi numa estação de rádio, que o cidadão mais rico de Moscou era proprietário de uma concessionária Mercedes-Benz. Isto significava que ainda havia pessoas suficientes naquela cidade que tinham recursos disponíveis para automóveis de luxo. Se os profissionais altamente qualificados como os professores e médicos viviam em pobreza, perguntei-me sobre como os proprietários de carros luxuosos conseguiam o seu dinheiro.

Asafe também viu as aparentes injustiças, e o que viu lhe despedaçou a alma. Ao descrever aqueles que pareciam levar vantagem desmerecidamente, ele escreveu:

Para eles não há preocupações, o seu corpo é sadio e nédio. Não partilham das canseiras dos mortais, nem são afligidos como os outros homens. Daí, a soberba que os cinge como um colar, e a violência que os envolve como manto. Os olhos saltam-lhes da gordura; do coração brotam-lhes fantasias. Motejam e falam maliciosamente; da opressão falam com altivez. Contra os céus desandam a boca, e a sua língua percorre a terra (vv.4-9).

Que quadro! Veja passo a passo, sob a perspectiva de Asafe, a conduta das pessoas absorvidas consigo mesmas e sem princípios:

Para eles não há preocupações (v.4). Morrem satisfeitos, desfrutando da vida plenamente, a cada passo do seu caminho. Outra versão traduz a última parte do versículo 4 como: "eles são fortes e cheios de saúde" (NTLH), o que indica grande prosperidade numa época em que a maioria das pessoas apenas sobrevivia.

- **Estão livres das canseiras dos mortais (v.5).** Parecem imunes às dificuldades normais, às lutas e trabalhos árduos da vida. Os problemas nem sequer atingem aqueles que prosperam na maldade.

- **A soberba e a violência os envolve como um manto (v.6).** Asafe havia aprendido a crer que os que rejeitam a Deus sofreriam por suas escolhas. Mas quando observou a vida, parecia que aqueles que se atreviam a ser orgulhosos e opressivos eram honrados e recompensados.
- **As suas maldades são inimagináveis (v.7).** Asafe viu a manifestação exterior da riqueza deles, como: "Os olhos saltam-lhes da gordura..."

A sua fala está repleta de zombarias, orgulho e arrogância (vv.8,9). Quem são os alvos da zombaria? Não somente aqueles que valorizam mais o caráter do que a riqueza material, mas o Deus em quem colocam a sua confiança.

O mal maior

Sem dúvida, o que mais incomodou Asafe, a respeito dos que prosperavam e dos rebeldes, era a atitude deles em relação a Deus. Eles zombavam do Senhor em tudo o que faziam. Observe a que conclusões a sua prosperidade os levou:

E diz: Como sabe Deus? Acaso, há conhecimento no Altíssimo? (v.11).

O comentarista bíblico, Allen Ross escreve: "Eles parecem não se importar e estão despreocupados com o amanhã. Para eles a vida é agora, e o agora parece ser eterno." Por quê? Eles se achavam protegidos das dores normais da vida (vv.4-6), de forma que supunham que também eram invulneráveis a qualquer resposta divina para sua atitude, pecado e zombaria.

A frustrante conclusão de Asafe

Quando Asafe olhou para a riqueza e a felicidade de pessoas irreverentes e egocêntricas, chegou a uma conclusão frustrante: os que vivem apenas para si mesmos, com o que fazem de errado ainda assim, parecem prosperar.

Eis que são estes os ímpios; e, sempre tranquilos, aumentam suas riquezas (v.12).

Não é de admirar que o salmista estivesse frustrado! Do seu ponto de vista, as pessoas más estavam prosperando, aparentemente imunes aos problemas normais da vida. Elas zombavam de Deus e pareciam sair ilesas.

Esta aparente desigualdade e injustiça foi o que levou Asafe a fazer a confissão no versículo 3: "Pois eu invejava os arrogantes, ao ver a prosperidade dos perversos" (v.3). Não é difícil imaginar que, em circunstâncias semelhantes, nós também clamaríamos "Isso não é justo!"

Já seria o bastante para Asafe ter-se frustrado com as desigualdades aparente da vida. Mas isso foi apenas o começo. A maneira como ele reagiu a essas injustiças foi um problema ainda maior.

Qual foi a reação de Asafe?

Faith Hill, uma famosa artista da música *country* norte-americana gravou uma canção intitulada *When The Lights Go Down* (Quando as luzes se apagam). Trata-se de uma canção de dor, solidão e, acima de tudo, honestidade.

Descreve um garçom alcoólatra que luta com o seu desejo por mais um drinque, uma ex-estrela de Hollywood abandonada pelos "amigos" depois que a fama se foi; uma pessoa que sofre com o final de um relacionamento e com os remorsos que ficaram.

É uma canção sobre as realidades da vida e as perguntas difíceis que estas geram. O refrão descreve o vazio da vida, "quando você sente interiormente o vazio da alma", e sua aparente falta de propósito e valor:

"Quando as luzes se apagam, e não resta nada mais. Quando as luzes se apagam e tudo o que você vê é a verdade,

E me pergunto se toda a minha vida se resume aos temores e a todas as minhas dúvidas.

Quando as luzes se apagam."

Acredito que estas palavras descrevem bem o sentimento de desilusão de Asafe.

As dúvidas de Asafe

Asafe expressou a mesma preocupação em seu salmo: vale a pena viver? Faz alguma diferença eu tentar viver para Deus? Há poucos versículos nos Salmos onde a coragem, a honestidade e a emoção humana são vistas de forma tão clara como no versículo 13:

Com efeito, inutilmente conservei puro o coração e lavei as mãos na inocência.

Essas palavras são fortes! "Inútil" captura a essência do desespero de Salomão no livro de Eclesiastes. Quando ele gritou: "...vaidade de vaidades, tudo é vaidade" (1:2), dizia que a vida não tem valor e não é digna de ser vivida. Ele estava concluindo que tudo o que tinha tentado fazer fora sem valor, inútil.

Asafe questionou se a sua busca em viver para Deus tinha tido algum valor.

Ele expressou esse sentimento no versículo 13, questionando o valor da sua confiança em Deus. Vivera com o propósito de integridade pessoal e fidelidade. Mas agora, em seu desespero, se perguntava se a sua busca havia sido em vão.

O resultado? Ele estava pronto a desistir e desertar. A sua resposta implica um conjunto de perguntas que nos parecem assustadoramente familiares:

- O que ganho com isso?
- Quando será a minha vez?

No filme, *Campo dos Sonhos*, um fazendeiro chamado Ray Kinsella constrói um campo de beisebol no meio de sua plantação de milho e milagres acontecem, mas somente para os outros. Finalmente, desesperado declara, "Fiz tudo o que me pediram! Não entendi, mas fiz; e nunca perguntei: que ganho com isto?". Quando o seu amigo lhe pergunta: "O que você está dizendo Ray?", Kinsella responde: Estou perguntando: "O que ganho com isso?"

Esse exemplo demonstra bem o que Asafe estava pensando. Um peso tremendo com ressentida ira estavam por trás das palavras do versículo 13. E, além disso, havia ainda outra verdade. Quando realmente parece que Deus não está no controle, as nossas dúvidas podem nos fazer querer desistir.

Este foi, com certeza, o testemunho de Salomão. Ele concluiu a sua busca por realização com as palavras: "Pelo que aborreci a vida..." (Eclesiastes 2:17).

Asafe ficou tão decepcionado que achou que ser puro de coração simplesmente não parecia valer a pena. Afinal, qual foi a sua recompensa pelo seu compromisso espiritual? Nada, a não ser tormentos e castigos.

"Pois de contínuo sou afligido e cada manhã, castigado" (Salmo 73:14).

A reação dele foi compreensível: "Isto não tem sentido. Por que então me incomodar?"

O temor de Asafe

Veja a reação de Asafe a essa compreensão recém-descoberta:

"Se eu pensara em falar tais palavras, já aí teria traído a geração de teus filhos" (v.15).

Ele queria declarar a sua desaprovação pelo que Deus fazia ("se" refere-se aos versículos 13,14) — mas parou logo como se estivesse prestes a jogar fora a sua fé e esperança, e até mesmo a abandonar Deus. Todavia, ao contemplar a sua perigosa posição, algo começou lentamente a fazê-lo voltar atrás. O que o fez parar?

Asafe trazia em si o peso da liderança. Era o principal músico de Davi, escritor de hinos e profeta (1 Crônicas 16:5; 25:2; 2 Crônicas 29:30). Era um homem de influência espiritual; um ancião de Israel, o que equivaleria a um líder de música e adoração, que estivesse começando a duvidar da bondade do Deus, a quem ele conduzia o povo à adoração. Tal posição trazia em si grande responsabilidade, por causa da sua influência. Com o privilégio de ocupar tal posição havia o peso de como essa posição seria usada para impactar a vida das pessoas.

O filme, *Honra e Coragem*, ajuda a descrever o peso total da carga que acompanha essa responsabilidade. Harry Faversham é apresentado como um homem jovem, no exército britânico, no final

SOFRIMENTO

do século 19. Naquela época, em que império britânico era ainda muito extenso, um jovem não podia trazer maior honra para a sua família e seu nome do que servir ao exército. Faversham serviu com seus amigos, foi respeitado no regimento, e parecia caminhar na "direção certa".

Entretanto, o regimento foi repentinamente informado de que tinham sido convocados para acabar com uma revolta no Sudão. Este jovem ficou aterrorizado. A ideia do combate e os horrores da guerra o paralisaram de medo. Por isso, pediu a demissão de sua incumbência. O impacto dessa decisão tão pessoal o abatia. Ele foi rejeitado pelos seus camaradas e cada qual lhe enviou uma pena branca, símbolo de covardia e desonra. A sua noiva o deixou, porque sonhava que ele se tornasse herói. E foi rejeitado pelo pai — militar — que declarou que nem mesmo conhecia Faversham. Uma única escolha teve um impacto poderoso, destrutivo, em todos os relacionamentos na vida daquele rapaz.

Asafe também estava lutando com a opção de desertar, e ele queria abandonar todas as coisas com as quais se comprometeu. Mas olhou à frente e viu o impacto negativo que tal escolha teria nas pessoas ao seu redor. À semelhança de uma pedra que é lançada num lago tranquilo, o efeito das ondas do seu fracasso se faria visível e teria impacto em outros — muito além do seu círculo imediato. Toda visão imediatista e fracassos espirituais são perigosos. Mas o perigo se torna maior conforme o alcance da influência de uma pessoa.

O sentimento de responsabilidade de Asafe

Asafe queria desabafar sobre a sua ira e frustração com a desigualdade e injustiça da vida — e com o Deus que permitia tudo aquilo. Mas não chegou a fazê-lo. Refreou-se para não deixar transparecer tudo o que estava em seu coração, porque poderia causar grande dano e desilusão ao povo de Deus, pelo qual era responsável. Observe a sua preocupação:

Se eu pensara em falar tais palavras, já aí teria traído a geração de teus filhos (v.15).

O salmista conteve-se e não declarou todos os seus temores e dúvidas por causa do perigo potencial que isso poderia causar a outros filhos de Deus. Este foi um ponto crítico no seu raciocínio, pois, com suas dúvidas e temores, veio a verdadeira sabedoria. Mesmo em meio às lutas, Asafe exerceu algum controle ao pensar nos efeitos que aquela ira efervescente, a inveja e a dúvida poderiam ter na vida de outros.

É um lembrete para todos nós, pois também precisamos ter discernimento. Com quem compartilhamos as nossas preocupações de raiva, temores, dúvidas e crises? Há um grande perigo de, inadvertidamente, irar alguém que ainda é novo na fé. Todos nós temos profunda responsabilidade uns para com os outros, e é esse sentimento de responsabilidade pelos outros que pode nos ajudar a refrear e exercer o domínio próprio quando lidamos com a nossa ira e sentimento de traição.

O sofrimento silencioso de Asafe

Asafe não conseguia conciliar sua fé e crenças com as suas dúvidas, mas não quis prejudicar potencialmente qualquer outra pessoa, deixando transparecer o que estava em seu coração. O que fez, então? Escolheu outro caminho:

> *Em só refletir para compreender isso, achei mui pesada tarefa para mim...* (v.16).

Ele preferiu sofrer em silêncio, e como foi intenso esse sofrimento! A mera tentativa de compreender tudo aquilo já estava repleta de agonia. Ele lutava com a injustiça da vida e a debilidade da sua própria fé, e deve ter se perguntado:

- Quando haverá respostas para as minhas perguntas?
- Quando terei alívio do sofrimento?
- Quando haverá justiça nesta Terra?
- Quando tudo isto fará sentido?

Onde Asafe encontrou respostas?

A vida está repleta de perguntas. Onde buscamos as respostas? Um programa de televisão sobre reparos domésticos acrescentou um novo segmento, intitulado "Pergunte Aqui". As pessoas são encorajadas a enviar perguntas ou emails sobre encanamentos, jardinagem, carpintaria ou qualquer outro projeto aos técnicos do programa. As soluções são demonstradas ao vivo. No momento, minha esposa e eu estamos envolvidos com a reforma da nossa casa e, por isso, esse tipo de ajuda nos interessa.

Mas há outras perguntas que não podem ser respondidas pela mídia nem por um exército de técnicos na televisão. Algumas vezes não encontramos as respostas que precisamos até nos encontrarmos na presença do próprio Deus. Foi essa a experiência de Asafe. Ele disse que continuou a lutar...

...até que entrei no santuário de Deus, e atinei com o fim deles (v.17).

A qualidade das respostas que recebemos depende do local para onde nos voltamos à procura delas.

A nossa necessidade por um santuário

O grito agonizante do corcunda de Notre Dame, "Santuário, santuário!", torna-se o brado de todos os que estão sofrendo. Quasímodo via o santuário como um lugar de refúgio e proteção. Mas Asafe descobriu que o santuário era o lugar onde encontraria as respostas.

A palavra santuário aparece em todo o Antigo Testamento. Às vezes é usada para descrever o tabernáculo — a tenda da congregação — que era o lugar de adoração de Israel antes da construção do templo de Jerusalém (Êxodo 25:8; 36:1,6). Em outros momentos parece se referir ao próprio templo (1 Reis 6).

Às vezes a palavra *santuário* não se refere a um local físico, mas a uma ideia: de permanecer na presença de Deus (Isaías 8:14). Foi o que Davi desejou no Salmo 23, quando mencionou as "águas tranquilas" (v.2), onde o Senhor, o seu Pastor, iria restaurar a sua alma. Foi o que o próprio Cristo buscou quando, ainda homem, procurava frequentemente se afastar das multidões, do trabalho e dos discípulos, e permanecia numa montanha, sozinho, para passar tempo com Seu Pai.

Santuário sugere a ideia de um lugar à parte, para proteção espiritual, descanso e renovação. Cada um de nós precisa de um lugar assim, um esconderijo espiritual, onde nossos corações são restaurados e fortalecidos para as lutas de hoje e os desafios do amanhã.

O santuário de Asafe

Asafe encontrou essa restauração. No versículo 17 entrou "no santuário de Deus" e ali encontrou uma nova perspectiva e compreensão. Na presença de Deus tudo mudou, exceto as suas circunstâncias. Foi como se a visão dele tivesse sido corrigida. Com uma nova visão de Deus, este salmista viu surgir novos detalhes.

Até entrar no santuário, tinha sido esmagado pela injustiça das circunstâncias do momento. Mas, no santuário, viu como essas mesmas desigualdades serão diferentes no dia em que Deus assentar-se num tribunal com os Seus inimigos.

Ao explicar por que Asafe manteve-se míope e focado em si mesmo até entrar no santuário, o comentarista bíblico Roy Clements escreveu:

"A adoração coloca Deus no centro da nossa visão. E isto tem importância vital, pois somente quando Deus está nesta posição, veremos as coisas como realmente são."

Conforme Derek Kidner, num comentário sobre o Antigo Testamento, a solução começou quando Asafe se voltou para o próprio Deus, "não como objeto de especulação, mas de adoração".

Quais foram as lições eternas que Asafe aprendeu quando teve um encontro com Deus no local da adoração?

O destino final dos rebeldes.

...até que entrei no santuário de Deus e atinei com o fim deles. Tu certamente os pões em lugares escorregadios e os fazes cair na destruição. Como ficam de súbito assolados, totalmente aniquilados de terror! Como ao sonho, quando se acorda, assim, ó Senhor, ao despertares, desprezarás a imagem deles (vv.17-20).

Na primeira de diversas lições significativas, a atenção de Asafe estava voltada para os que ele invejava. Nos versículos 2 e 3 ele havia visto a prosperidade deles, e ficara com tanta inveja que quase escorregara e caíra. Isso aconteceu quando olhou para eles de uma perspectiva horizontal. Todavia, no santuário, sua perspectiva tornou-se vertical. E o que viu foi muito diferente. Finalmente, conseguiu ver como Deus vê, e compreender que o que estava preparado para os ímpios não era nada bom.

Ausência de segurança (v.18). Da perspectiva do mundo, estes indivíduos pareciam completamente seguros. Pareciam "à prova de bala" e fora do alcance dos problemas. Mas, da perspectiva de Deus, se encontravam em areia movediça; lugares escorregadios, e estavam caminhando para a destruição. Quando Asafe os viu como eles estariam no dia do julgamento, parou de invejá-los.

Ausência de expectativa (v.19). Esses ímpios prósperos não só tinham um julgamento a caminho, mas também não veriam sua chegada. Assim como os contemporâneos de Noé que rejeitaram anos de admoestação, quando finalmente o julgamento chegou, era tarde demais para fazer qualquer coisa.

Ausência de esperança (v.20). Quando Deus se mover contra eles, o julgamento divino será sem remédio.

"e as entranhas se me comoveram." Asafe sofreu uma dor pessoal, o pior tipo de dor, porque é autoinfligida.

Muitas vezes, o que fazemos a nós mesmos é muito pior do que qualquer coisa que outros poderiam nos fazer. Isto se aplica especialmente quando entramos no "Pântano da Desconfiança" mencionado no livro *O Peregrino* de John Bunyan. Fazemos isso ao questionar a bondade, o caráter e a fidelidade de Deus.

"Eu estava embrutecido e ignorante." O comentarista James M. Boice escreveu:

"Asafe percebeu que, ao questionar a maneira de Deus lidar com as circunstâncias da vida, não estava sendo sábio, ao contrário, estava sendo 'insensato e ignorante'".

Devemos lembrar-nos sempre do que Deus disse: "Porque os meus pensamentos não são os vossos pensamentos, nem os vossos caminhos, os meus caminhos…" (Isaías 55:8). Questionar ou criticar a sabedoria de Deus, ou tentar julgar o Seu agir, significa assumir uma tarefa para a qual estamos completamente despreparados. A sabedoria divina é perfeita e eterna, e Deus não se engana.

Nos períodos em que estamos propensos a questionar a ação do Senhor numa determinada situação, é bom nos lembrarmos que o Seu agir no presente é confiável, pois Ele é o único que tem o perfeito conhecimento do futuro.

Asafe usou a expressão **"era como um animal irracional à tua presença"** num sentido metafórico neste versículo. Suas palavras remetem ao que o profeta Daniel escreveu sobre Nabucodonosor, o grande rei da Babilônia.

Quando este imperador celebrou pomposamente a sua própria sabedoria e glória, Deus o fez agir mental e fisicamente como um animal selvagem, comendo capim por sete anos. Quando o Senhor restaurou graciosamente sua mente, Nabucodonosor fez esta declaração profunda:

Mas ao fim daqueles dias, eu, Nabucodonosor, levantei os olhos ao céu, tornou-me a vir o entendimento, e eu bendisse o Altíssimo, e louvei, e glorifiquei ao que vive para sempre, cujo domínio é sempiterno, e cujo reino é de geração em geração. Todos os moradores da terra são por ele reputados em nada; e, segundo a sua vontade, ele opera com o exército do céu e os moradores da terra; não há quem lhe possa deter a mão, nem lhe dizer: Que fazes? (Daniel 4:34,35).

Nenhum de nós tem a capacidade de compreender as maravilhas e os caminhos do Deus dos céus. À semelhança do rei da Babilônia, quando Asafe veio à presença do Senhor, ele reconheceu-se como desqualificado para julgar que Deus fosse injusto.

A plena suficiência de Deus.

Todavia, estou sempre contigo, tu me seguras pela minha mão direita. Tu me guias com o teu conselho e depois me recebes na glória (Salmo 73:23,24).

Quando Asafe encontrou no santuário uma visão mais completa de Deus, sentiu-se repleto de gratidão e confiança no Senhor. Com o entusiasmo renovado, ele declarou:

Deus estará continuamente conosco. Ao passar por dias escuros em sua vida, o salmista viu que não estava sozinho. Saiu do santuário confiante de que não existe uma fonte maior de coragem do que a compreensão de que Deus nunca nos deixará nem nos abandonará. Esta é a mesma certeza que, mais tarde, Cristo daria aos Seus discípulos quando disse: "...E eis que estou convosco todos os dias até a consumação dos séculos" (Mateus 28:20).

Deus nos sustentará. Asafe podia não apenas depender da presença de Deus, mas também descansar na confiança de que o próprio Senhor o fortaleceria — uma verdade confortante quando a vida parece ser esmagadora. Este é o mesmo pensamento que o apóstolo Paulo expressou mais tarde, ao escrever: "...não que, por nós mesmos, sejamos capazes de pensar alguma coisa, como se partisse de nós; pelo contrário, a nossa suficiência vem de Deus" (2 Coríntios 3:5).

Deus nos guiará com o Seu conselho. O salmista não teve apenas a certeza da força e presença de Deus, mas também podia contar com o Espírito e a Palavra de Deus para guiá-lo no caminho de volta.

Deus nos receberá na glória. Talvez a descoberta mais grandiosa de Asafe tenha sido a certeza de que a presença, a força e a sabedoria de Deus nunca acabarão. Sabia que, quando a vida cumprisse o seu curso, Deus cumpriria Sua promessa de dar-lhe um lar, para estar sempre com Ele.

Que recursos maravilhosos para os que vivem num mundo decaído! Isto se parece com a forma de tratamento dada por um Deus que nos esqueceu e abandonou? Absolutamente não! Descreve o comportamento de um Deus que nunca nos deixará nem nos abandonará (Deuteronômio 31:6,8; Hebreus 13:5).

Tenho uma grande amiga em Moscou, Tamara Platova. Cada dia ela demonstra a confiança em Deus ao enfrentar a vida num lugar difícil, e que não está se tornando mais fácil. Ela tornou-se cristã durante os dias do comunismo e sofreu perseguição, — o preço a ser pago por seguir o Salvador naquele regime totalitarista. Por ter cometido o *crime* de seguir a Cristo, suas oportunidades para estudar, trabalhar, fazer treinamentos e compartilhar sobre Cristo eram limitadas.

Com a queda do regime comunista na última década do século 20 surgiu a esperança de que a nação e a economia praticariam o livre-comércio, e que a nação se tornaria uma superpotência democrática. Mas isto não aconteceu. A situação econômica das pessoas como Tamara, na realidade, é agora pior, sob a liberdade, do que quando viviam sob a tirania. Agora, com mais de 60 anos, Tamara trabalha até 80 horas semanais, em constante luta para sobreviver.

Todavia, quando estou com ela, não ouço queixas sobre as dificuldades da vida ou dúvidas sobre a bondade do Senhor. A sua vida — em palavras e atos — é uma contínua demonstração da confiança tranquila e real no Deus cuja presença, ajuda e esperança são as alegrias da sua vida. Como Asafe aprendeu no santuário, a vida de Tamara declara a promessa do cântico do Pastor:

Ainda que eu ande pelo vale da sombra da morte, não temerei mal nenhum, porque tu estás comigo, o teu bordão e o teu cajado me consolam (Salmo 23:4).

O que Asafe aprendeu com suas lutas?

Nos últimos versículos do Salmo 73, Asafe relata o que aprendeu em suas lutas. Ao examinarmos os versículos 25-28, surgem quatro princípios profundos que podem ser aplicados à vida sob quaisquer circunstâncias.

Princípio n.º 1
Deus é mais importante do que tudo na vida.

Quem mais tenho eu no céu? Não há outro em quem eu me compraza na terra (v.25).

Asafe compreendeu que Deus era, em última instância, tudo o que tinha e que necessitava. Podia descansar no Seu cuidado e confiar que nada mais merecia ser comparado ao seu Senhor.

Princípio n.º 2
Deus é toda a força que precisamos.

Ainda que a minha carne e o meu coração desfaleçam, Deus é a fortaleza do meu coração e a minha herança para sempre (v.26).

Naqueles momentos em que o salmista inclinou-se a confiar em sua própria força ou buscar suas próprias soluções, descobriu que somente em Deus, poderia encontrar a força inesgotável que necessitava naquele instante e para sempre.

Princípio n.º 3
Deus será tão justo quanto misericordioso.

Os que se afastam de ti, eis que perecem; tu destróis todos os que são infiéis para contigo (v.27).

Asafe se deu conta de que invejava os arrogantes e sua prosperidade (v.3). Lutou com as aparentes desigualdades da vida (vv.4-12). Chegou ao ponto de achar que tinha vivido em vão para Deus (v.13). Mas, no final, reconheceu que estas questões deveriam ser entregues ao Senhor. Como Abraão disse: "…Não fará justiça o Juiz de toda a terra?" (Gênesis 18:25). Sim! E Asafe aprendeu a confiar que Deus, em Seu tempo e sabedoria, julgaria, com misericórdia e justiça todas as desigualdades da vida.

Princípio n.º 4:
Deus se aproxima daqueles que se aproximam dele.

Quanto a mim, bom é estar junto a Deus; no SENHOR Deus ponho o meu refúgio, para proclamar todos os seus feitos (v.28).

A responsabilidade de Asafe não consistia em julgar o mundo ou manipular a justiça a partir de injustiça. Como Tiago registrou em sua carta, Asafe aprendeu que sua responsabilidade durante toda a vida era "Chegai-vos a Deus, e ele se chegará a vós outros..." (Tiago 4:8).

E qual foi a conclusão de Asafe? A realidade bíblica e teológica de que Deus, em Sua bondade e onipotência, está no controle, mesmo quando sofremos e não sabemos o motivo. É esta a firme confiança de que, mesmo que a vida pareça ser injusta, Deus sempre será justo.

Pela fé, o salmista finalmente compreendeu e creu. Obteve por fim uma convicção profunda, provada e pessoal da confissão à qual se referiu quando iniciou a sua história:

Com efeito, Deus é bom para com Israel, para com os de coração limpo (v.1).

Ao final da sua temporada de lutas com dúvidas, ele entendeu que Deus abençoa os "puros de coração".

A chave é o coração. Na verdade, a palavra coração aparece seis vezes neste salmo (vv.1,7,13,21 e duas vezes no v.26). Asafe descreveu repetidamente a condição do seu coração, não as circunstâncias da vida, como o elemento-chave da vida com Deus. Foi por isso que o próprio Cristo pôde declarar:

SOFRIMENTO

Bem-aventurados os limpos de coração, porque verão a Deus
(Mateus 5:8).

No santuário Asafe aprendeu, por meio da dor, lágrimas, perdas e decepções, que as circunstâncias da vida não diminuem a bondade de Deus. Na verdade, a lição desta experiência pode ser a de que, nos tempos escuros da vida, a glória da bondade de Deus é vista com maior clareza. Aprender a ver a bondade de Deus na escuridão faz a luz ser mais preciosa quando a vemos.

Esta foi a esperança que permitiu que Fanny Crosby (1820–1915), embora tendo ficado cega, escrevesse hinos de alegria, de paz e do céu. Quem sabe por isso, entre centenas de hinos que ela escreveu, encontramos as suas melhores palavras neste hino:

Meu Jesus me guia sempre.
Que mais posso desejar?
Duvidar do meu Amado?
Do meu Deus desconfiar?
Paz perfeita, gozo infindo
Tenho, e sua proteção;
Pois eu sei que por mim
Vela seu bondoso coração (CC 356).

Que palavras grandiosas! Elas não vêm de uma pessoa que teve uma vida cheia de conforto e sem dor. São palavras de uma mulher que aprendeu que, apesar das circunstâncias e lutas da vida, o nosso Senhor faz tudo perfeito.

Conhecer Deus e confiar em Sua bondade nos afasta da possibilidade de ver somente nossas circunstâncias externas e de assumir, erroneamente, que Ele não está no controle, ou que Ele não é justo, ou que não se importa.

Esta diferença de perspectiva surge ao conhecermos o Senhor profundamente. Somente então, poderemos confiar completamente nele. No santuário, Asafe aprendeu que este tipo de relacionamento fundamenta-se e cresce na adoração. Isto insere o eterno nas questões diárias da vida. E nos relembra de que o ajuste de contas de Deus não acontece conforme a nossa agenda. Como dizem as palavras de um cântico:

> *Em Teu tempo, em Teu tempo.*
> *Tudo lindo tu fazes em Teu tempo.*
> *Senhor me mostra cada dia, enquanto o Senhor me guia*
> *Que tu cumpres a palavra*
> *Em Teu tempo* (EM TEU TEMPO - CD *Louvores da Garotada*).

A questão da eternidade

A Bíblia não promete aos cristãos uma vida livre de dores, dificuldades ou perdas. Os cristãos não estão isentos de lutas, aflições ou decepções. Algumas vezes, em meio a períodos de alegria e bênçãos, surgem episódios nos quais necessitamos desesperadamente uma perspectiva renovada.

O que a Palavra de Deus promete àqueles que creem em Cristo é que terão um Companheiro de jornada para ajudar, encorajar e fortalecê-los em tudo o que lhes acontecer pelo caminho. Foi Ele quem prometeu:

> *...De maneira alguma te deixarei, nunca jamais te abandonarei. Assim, afirmemos confiantemente: o Senhor é o meu auxílio, não temerei; que me poderá fazer o homem?*
> (Hebreus 13:5,6)

Para sermos capazes de ter esta confiança devemos viver uma vida que é um ponto de exclamação, num mundo cheio de pontos de interrogação. Ele é o nosso Santuário. Se você conhece a Cristo, permita que Ele construa a esperança da Sua presença em sua experiência de vida.

Se você ainda não confiou em Cristo como Salvador pessoal, saiba que este mundo é um lugar de dificuldades e lutas. Mas não há razão para enfrentar isto sozinho. Jesus Cristo veio a este mundo para restaurar o nosso relacionamento rompido com Deus e dar-nos uma vida com propósito e significado, para agora e para a eternidade. O apóstolo João escreveu:

Porque Deus amou ao mundo de tal maneira que deu o seu Filho unigênito, para que todo o que nele crê não pereça, mas tenha a vida eterna (João 3:16).

O que Asafe aprendeu no santuário você também pode descobrir ao aceitar o amor e o perdão de Deus. E quando você iniciar este novo relacionamento pessoal com Cristo, descobrirá que Ele é realmente a ajuda e a esperança que você precisa para a vida — e para a eternidade.

SOFRIMENTO

Por que Deus, que é bom, permite o sofrimento?

por Kurt DeHaan

Respostas evasivas

A vida pode ser difícil de ser compreendida. Ao tentar lidar com as duras realidades de nossa existência, podemos facilmente nos frustrar. Ansiamos por respostas ao imenso problema do sofrimento. Talvez até nos perguntemos se algum dia iremos compreender completamente por que coisas ruins acontecem às pessoas boas e por que coisas boas ocorrem às pessoas más. As respostas, muitas vezes, parecem ser evasivas ou estar ocultas ou fora de alcance.

Sim, faz sentido um terrorista morrer em seu ataque-suicida. Seria lógico para nós se um motorista imprudente sofresse um grave acidente. E faz sentido que uma pessoa que brinca com o fogo, se queime. E também é óbvio que um fumante inveterado desenvolva um câncer pulmonar.

Mas o que podemos dizer dos homens, mulheres e crianças inocentes que morrem vítimas de um atentado terrorista? E o que dizer de um jovem motorista que sofre uma lesão cerebral grave porque um bêbado ultrapassou a linha central da sua pista? E o que pensar da pessoa que perde a sua casa por um incêndio sem que ela tenha tido qualquer responsabilidade? E o que dizer da criança de dois anos que sofre de leucemia? É perigoso e até tolo fingirmos que temos uma resposta completa sobre o porquê Deus permite o sofrimento. As razões são muitas e complexas. Também seria errado exigir que o *entendamos*. Quando o aflito Jó, do Antigo Testamento, percebeu que não tinha direito de exigir uma resposta de Deus, ele disse: "...Na verdade, falei do que não entendia; [...] coisas que eu não conhecia" (Jó 42:3).

Mas Deus *deu-nos* algumas respostas. Embora não saibamos por que uma pessoa em particular contrai uma enfermidade, podemos saber parte da razão por que existem as doenças. E mesmo que talvez não entendamos por que enfrentamos determinado problema, podemos saber como lidar com a situação e reagir de maneira que agrade ao Senhor.

> **O sofrimento sem dúvida é um dos maiores desafios à fé cristã.**
> —JOHN STOTT

Mais uma coisa. Não vou fingir que entendo completamente o sofrimento pelo qual você pode estar passando neste momento. Embora alguns aspectos da dor humana sejam comuns a todos, as particularidades são diferentes. E talvez, o que você mais esteja necessitando neste momento não seja um roteiro com quatro pontos sobre o porquê de seu sofrimento ou mesmo sobre o que fazer com ele. Pode ser que neste momento o que mais necessite seja um abraço, alguém que o ouça, ou que simplesmente sente-se ao seu lado e permaneça em silêncio. Entretanto, em determinado ponto você desejará e terá necessidade de que as verdades da Palavra de Deus o confortem, e o ajudem a ver a sua situação sob a perspectiva divina.

Necessitamos mais do que teorias que não foram experimentadas. Por isto, nas páginas a seguir, procurei incluir as experiências de pessoas que passaram por vários tipos de sofrimentos físicos e emocionais. Oro para que a sua fé em Deus permaneça firme mesmo que o seu mundo pareça estar desmoronando.

Por que Deus, que é bom, permite o sofrimento?

Onde está Deus, em nosso mundo de sofrimento? Se Ele é bom e compassivo, por que a vida é frequentemente tão trágica? Será que Ele perdeu o controle? Ou se Ele está no controle, o que está tentando fazer comigo e com os outros?

Algumas pessoas escolheram negar a existência de Deus porque não podem imaginar um Deus que permitiria tal miséria. Alguns creem que Ele exista, mas não querem aproximar-se dele porque não creem que poderia ser bom. Outros se conformam com a crença num Deus bondoso que nos ama, mas que perdeu o controle sobre este planeta rebelde. Outros ainda se aferram firmemente à crença em um Deus sábio, Todo-poderoso e amoroso que de alguma maneira usa o mal para o bem.

Ao estudarmos a Bíblia, descobrimos que ela nos apresenta um Deus que pode fazer tudo o que escolher fazer. Algumas vezes agiu com misericórdia e fez milagres em favor de Seu povo. Em outras ocasiões, porém, decidiu não fazer nada para evitar alguma tragédia. Supostamente, deveria estar intimamente envolvido em nossas vidas, mas às vezes, parece estar surdo aos nossos pedidos de ajuda. Na Bíblia, Ele nos assegura que controla tudo o que acontece, mas algumas vezes permite que sejamos o alvo de pessoas más, de maus genes, de vírus perigosos ou de desastres naturais.

Se você é como eu, deve ansiar por alguma forma de encontrar uma resposta para esta questão do sofrimento, que é como um quebra-cabeça. Creio que Deus nos deu partes suficientes deste quebra-cabeça, para ajudar-nos a confiar nele, mesmo que não tenhamos toda a informação que gostaríamos de ter. Neste breve estudo, veremos que as respostas básicas da Bíblia demonstram que o nosso bom Deus permite a dor e o sofrimento em nosso mundo para alertar-nos sobre o problema do pecado; para guiar-nos a uma resposta em fé e esperança, para moldar-nos a fim de nos tornarmos mais semelhantes a Cristo e para unir-nos a fim de que nos ajudemos uns aos outros.

SOFRIMENTO

Por que o sofrimento?

Para nos alertar

Imagine um mundo sem dor. Como seria? A princípio, a ideia pode parecer muito atrativa. Não mais dores de cabeça, nem estomacais. Não mais palpitações de dor quando o martelo escapa e bate em seu dedo. Sem dores de garganta. Porém, também não haveria mais a sensação ruim que nos alerta sobre um osso quebrado ou uma ruptura de ligamentos. Não haveria mais o aviso para perceber que uma úlcera está causando danos em seu estômago. Não sentiríamos mais o desconforto que nos alerta sobre um tumor cancerígeno que está crescendo e invadindo todo o corpo. Não haveria a angina de peito para permitir que soubéssemos que os vasos sanguíneos que chegam ao coração estão se obstruindo. Não sentiríamos nunca mais a dor que nos adverte de uma apendicite.

Por mais que repudiemos a dor, devemos admitir que muitas vezes seu propósito é bom. Ela nos adverte quando algo está errado. O verdadeiro problema é a causa da desgraça, e não a agonia em si. A dor é simplesmente um sintoma, uma sirene ou um sino que ressoa quando uma parte do corpo está em perigo ou está sendo atacada.

Nesta seção, veremos como a dor pode ser a maneira pela qual Deus nos alerta de que:
1. Algo está errado com o mundo.
2. Algo está errado com as criaturas de Deus.
3. Algo está errado comigo.

Qualquer um desses problemas poderia ser a razão da dor em nossa vida. Vamos examinar cada um desses possíveis diagnósticos.

1. Algo está errado com o mundo. A triste condição de nosso planeta indica que algo está terrivelmente errado. O sofrimento que experimentamos e a angústia que sentimos em outros, nos indicam que o sofrimento não discrimina raça, condição social, religião ou mesmo a moralidade. Ele pode parecer cruel, aleatório, sem sentido, grotesco e totalmente fora de controle. Coisas más acontecem a pessoas que procuram ser boas e coisas boas ocorrem àquelas pessoas que têm prazer em ser más.

A aparente injustiça afeta profundamente cada um de nós. Lembro-me de ter observado minha avó, enquanto ela padecia de câncer. Meus avós vieram morar com nossa família. Minha mãe, que é enfermeira profissional, cuidou dela durante seus meses finais. Minha mãe lhe dava os sedativos para a dor. O meu avô desejava desesperadamente que ela se curasse, mas chegou o dia, no qual, o carro fúnebre levou o corpo frágil e enfraquecido de minha avó. Eu sabia que ela estava no céu, mas mesmo assim isso doía. Eu odiava, e ainda odeio o câncer.

Ao sentar-me aqui refletindo sobre todo o sofrimento que meus amigos, meus companheiros de trabalho, minha família, meus vizinhos e as pessoas da minha igreja têm experimentado — mal posso imaginar o comprimento desta lista — e ela está incompleta. Com frequência estas pessoas sofrem tanto, aparentemente, sem culpa alguma. Um acidente, um problema de nascença, uma desordem genética, um aborto involuntário, um pai abusivo, uma dor crônica, um filho rebelde, uma enfermidade grave, uma doença acidental, a morte de um dos cônjuges ou de um filho, um relacionamento rompido, um desastre natural. Não parece ser justo. De tempos em tempos, sinto o ímpeto de deixar-me levar pela frustração.

> **"A Bíblia reconhece que a entrada do sofrimento e maldade neste mundo é resultado de uma magnífica, mas, ao mesmo tempo, terrível qualidade dos seres humanos — a liberdade".**
> —PHILIP YANCEY.

Como explicamos isto? Como convivemos com os cruéis fatos da vida sem negar a realidade ou sermos vencidos pelo desespero? Deus não poderia ter criado um mundo onde nada de errado acontecesse? Ele não poderia ter criado um mundo onde as pessoas jamais tivessem a possibilidade de fazer más escolhas ou ferir outra pessoa? Não poderia ter feito um mundo onde os mosquitos, a erva daninha e o câncer nunca existissem? Ele poderia — mas não o fez.

O grande presente da liberdade, que Ele nos deu — a habilidade de escolher — traz consigo o risco de fazer escolhas erradas.

Se você pudesse escolher entre ser uma criatura com liberdade de pensamento no mundo em que as más escolhas produzem o sofrimento ou em ser um robô num mundo sem dor, o que você decidiria? Que tipo de ser glorificaria mais a Deus? Que tipo de criatura o amaria mais?

Poderíamos ter sido criados para sermos iguais às graciosas bonecas à pilha que dizem: Eu te amo, quando são abraçadas. Mas Deus tinha outros planos. Ele correu o risco de criar seres que poderiam fazer o inconcebível — rebelar-se contra o seu Criador.

O que aconteceu no paraíso? A tentação, as más escolhas e as trágicas consequências destruíram a tranquilidade da existência de Adão e Eva. Os capítulos 2 e 3 do livro de Gênesis nos mostram com detalhes como Satanás provou o amor de Adão e Eva pelo Senhor — e eles falharam. Em termos bíblicos, aquele fracasso se chama pecado. E como o vírus da AIDS/SIDA infecta o corpo, destrói o seu sistema imunológico e o leva à morte, assim também o pecado se espalha como uma infecção mortal que passa de uma geração para outra. Cada nova geração herda os efeitos do pecado e o desejo de pecar (Romanos 1:18-32; 5:12,15,18).

A entrada do pecado neste mundo não só teve efeitos devastadores sobre a natureza dos seres humanos, mas trouxe também o juízo imediato e contínuo de Deus. No livro de Gênesis 3 está relatado como a morte, física e espiritual, tornou-se parte da existência humana (vv.3,19); como o nascimento de filhos tornou-se doloroso (v.16); a terra foi amaldiçoada com ervas daninhas que dificultariam muito o trabalho do homem (vv.17-19); e Adão e Eva foram expulsos do Jardim especial, onde haviam desfrutado íntima comunhão com Deus (vv.23,24).

> **Deus sussurra quando estamos em tempos prazerosos, fala em nossas consciências, mas grita em nossas dores; este é o Seu megafone para acordar o mundo ensurdecido. —C. S. LEWIS**

No Novo Testamento, o apóstolo Paulo descreveu a criação de Deus gemendo e ardentemente antecipando o momento, quando será redimida da maldição da decadência e será reconstruída, livre dos efeitos do pecado (Romanos 8:19-22).

A enfermidade, os desastres e a corrupção são sintomas de um problema mais profundo: a raça humana rebelou-se contra o Criador. Cada tristeza, dor e agonia são memoriais vívidos de nossa difícil situação. À semelhança de um enorme letreiro de néon, a existência do sofrimento comunica em alto e bom som, que o mundo não é aquilo que Deus pretendia que fosse.

Por conseguinte, a existência do sofrimento foi a primeira e mais básica resposta para a entrada do pecado neste mundo. A dor nos alerta que uma enfermidade espiritual está arruinando o nosso planeta. Muitas vezes, os nossos problemas podem simplesmente ser o efeito colateral, a consequência por vivermos num mundo decaído, sem que haja, muitas vezes, culpa pessoal de nossa parte.

2. Algo está errado com as criaturas de Deus. Podemos ser o alvo de atos cruéis de outras pessoas ou do exército rebelde de Satanás.

SOFRIMENTO

Os seres humanos e os seres espirituais decaídos (anjos que se rebelaram) têm a capacidade de tomar decisões que lhes prejudicam e também prejudicam aos outros.

As pessoas podem causar o sofrimento. Como criaturas livres (e infectadas pelo pecado), as pessoas têm feito e continuarão fazendo escolhas erradas na vida. Estas más decisões, muitas vezes, afetam outros.

Por exemplo, um dos filhos de Adão, Caim, decidiu matar seu irmão Abel (Gênesis 4:7,8). Lameque vangloriava-se de sua violência (vv.23,24). Sarai maltratou Hagar (Gênesis 16:1-6). Labão enganou seu sobrinho Jacó (Gênesis 29:15-30). Os irmãos de José o venderam como escravo (Gênesis 37:12-36). A esposa de Potifar acusou José falsamente de tentar violentá-la, e por isso ele foi lançado na prisão (Gênesis 39). Faraó tratou com muita crueldade os escravos hebreus no Egito (Êxodo 1). O rei Herodes mandou matar todos os recém-nascidos que viviam em Jerusalém e arredores, com o intuito de matar Jesus (Mateus 2:16-18).

A dor que outros nos infligem, pode ser devida a seus egoísmos, ou podemos ser alvo de perseguição por causa de nossa fé em Cristo. Através da história, as pessoas que se identificaram com o Senhor, sofreram nas mãos daqueles que se rebelaram contra Deus.

Antes de sua conversão, Saulo foi um fanático anticristão, que fez tudo o que pôde para dificultar a vida dos cristãos — colaborando até para que eles fossem mortos (Atos 7:54–8:3). Mas depois de se converter de forma dramática ao Senhor Jesus, suportou corajosamente todos os tipos de perseguições, ao proclamar ousadamente a mensagem do evangelho (2 Coríntios 4:7-12; 6:1-10). Podia até dizer que o sofrimento que estava suportando o ajudou a tornar-se mais semelhante a Cristo (Filipenses 3:10).

O sofrimento também pode ser causado por Satanás e demônios. A história da vida de Jó é um exemplo vívido de como uma pessoa boa pode sofrer uma tragédia incrível devido aos ataques de Satanás.

Por que Deus o permite?

Deus permitiu que Satanás tomasse as posses, a família e a saúde de Jó (Jó 1,2).

Eu estremeci ao escrever a frase anterior. De alguma forma, e por Suas próprias razões, Deus permitiu que Satanás devastasse a vida de Jó. Poderíamos comparar o que o Senhor fez a Jó a um pai que permite que um valentão da vizinhança espanque seus filhos somente para ver se depois disto eles ainda continuariam a amá-lo. Mas, conforme o próprio Jó concluiu, esta avaliação não é justa ao falarmos de nosso sábio e amoroso Deus.

Ainda que Jó não soubesse, nós sabemos que a sua vida foi uma prova, um testemunho vivo da confiabilidade divina. Este homem ilustrou que a pessoa pode confiar no Senhor e manter sua integridade ainda que a vida desmorone (qualquer que seja a razão), porque Deus é digno de confiança. "Temos recebido o bem de Deus e não receberíamos também o mal?" (Jó 2:10). No final, Jó compreendeu que mesmo sem ter entendido o propósito de Deus, ele tinha razões suficientes para crer que o Senhor não estava sendo injusto, cruel, sádico ou desleal ao permitir que a sua vida se desfizesse de tal maneira (Jó 42).

O apóstolo Paulo experimentou um problema físico que ele atribuía a Satanás. Chamou-o de "espinho na carne, mensageiro de Satanás, para me esbofetear..." (2 Coríntios 12:7). O apóstolo orou para que o Senhor o libertasse deste problema, mas Deus não lhe concedeu o que pedira. Em lugar disto, o Senhor o ajudou a ver como esta dificuldade poderia contribuir para um bom propósito. Este espinho na carne permitiu que Paulo dependesse humildemente do Senhor e o colocou em uma posição na qual experimentou a Sua graça (2 Coríntios 12:8-10).

Embora a maioria dos casos de enfermidades não possa ser relacionada diretamente à ação de Satanás, os relatos nos evangelhos registram alguns exemplos de sofrimento atribuídos a este inimigo de nossas almas, incluindo um homem cego e mudo (Mateus 12:22) e um jovem endemoninhado que sofria convulsões (Mateus 17:14-18).

3. Algo está errado comigo. Com frequência, quando alguma coisa dá errado em nossas vidas, concluímos imediatamente que Deus está nos castigando devido a algum pecado que tenhamos cometido, o que não é necessariamente verdadeiro. Como citamos anteriormente, muitos sofrimentos surgem em nossas vidas, porque vivemos num mundo imperfeito, habitado por pessoas imperfeitas e seres espirituais rebeldes.

Os amigos de Jó erroneamente pensaram que ele estava sofrendo por causa de algum pecado em sua vida (Jó 4:7,8; 8:1-6; 22:4,5; 36:17). Os próprios discípulos de Jesus também concluíram erroneamente quando viram um homem cego. Eles se perguntaram se o problema de visão fora devido a um pecado pessoal ou por algo que seus pais haviam feito (João 9:1,2). Jesus lhes disse que o problema físico do homem não estava relacionado a um pecado pessoal, nem ao pecado de seus pais (João 9:3).

Com essas precauções em mente, precisamos lidar com a dura realidade de que alguns sofrimentos são consequências diretas do pecado, ou seja, uma disciplina de Deus para corrigir aqueles a quem Ele ama, ou punição que permite na vida dos rebeldes em Seu Universo.

Correção. Se você e eu já colocamos a nossa confiança em Jesus Cristo como nosso Salvador, então somos filhos de Deus. Como tais, fazemos parte de uma família dirigida por um Pai amoroso que nos treina e corrige. Ele não é um pai abusivo ou sádico que distribui golpes severos porque tais atos perversos lhe dão prazer. Hebreus 12 afirma:

"...e estais esquecidos da exortação que, como a filhos, discorre convosco: Filho meu, não menosprezes a correção que vem do Senhor, nem desmaies quando por ele és reprovado; porque o Senhor corrige a quem ama e açoita a todo filho a quem recebe [...] Além disso, tínhamos os nossos pais segundo a carne, que nos corrigiam, e os respeitávamos, não havemos de estar em muito maior submissão ao Pai espiritual e, então, viveremos? Pois eles nos corrigiam por pouco tempo, segundo melhor lhes parecia; Deus, porém, nos disciplina para aproveitamento, a fim de sermos participantes da sua santidade" (Hebreus 12:5,6,9,10).

E à igreja em Laodiceia, Jesus disse: "Eu repreendo e disciplino a quantos amo. Sê, pois, zeloso e arrepende-te" (Apocalipse 3:19).

O rei Davi sabia o que significava experimentar o amor firme do Senhor. Após seu adultério com Bete-Seba, e seu ato iníquo para assegurar que o esposo dela fosse morto numa batalha, Davi não se arrependeu até que o profeta Natã o confrontou. O Salmo 51 relata a batalha deste rei com a sua culpa, o seu choro e súplica por perdão. Em outro salmo, Davi refletiu sobre as consequências de quando encobrimos e ignoramos os pecados. Ele escreveu: "Enquanto calei os meus pecados, envelheceram os meus ossos pelos meus constantes gemidos todo o dia. Porque a tua mão pesava dia e noite sobre mim..." (Salmo 32:3,4).

Em 1 Coríntios 11:27-32, o apóstolo Paulo advertiu os cristãos que tratar das coisas do Senhor indignamente — como participar da Santa Ceia sem levar isso a sério — traria disciplina. Explicou que esta disciplina do Senhor tinha um propósito. Disse: "Mas, quando julgados, somos disciplinados pelo Senhor, para não sermos condenados com o mundo" (1 Coríntios 11:32).

SOFRIMENTO

A maioria de nós entende o princípio de que Deus disciplina aqueles a quem Ele ama. Esperamos que um pai amoroso nos corrija e nos chame para renovar nossa obediência a Ele.

Julgamento. Deus também age ao lidar com incrédulos teimosos que persistem em praticar o mal. Uma pessoa que não recebeu o dom da salvação divina, pode esperar a futura ira de Deus no dia do julgamento e pode enfrentar o perigo de um juízo severo no presente, se Deus assim o decidir.

O Senhor enviou o dilúvio para destruir a humanidade em decadência (Gênesis 6), destruiu Sodoma e Gomorra (Gênesis 18,19), enviou pragas aos egípcios (Êxodo 7-12), ordenou a Israel que destruísse completamente as nações pagãs que habitavam na Terra Prometida (Deuteronômio 7:1-3). Enviou a morte ao arrogante rei Herodes do Novo Testamento (Atos 12:19-23), e no futuro dia do julgamento, revelará a Sua justiça perfeita a todos aqueles que rejeitaram o Seu amor e a Sua autoridade (2 Pedro 2:4-9).

No entanto, aqui e agora, enfrentamos injustiças. Por Suas sábias razões, Deus escolheu retardar a Sua perfeita justiça. Asafe, escritor de alguns salmos, lutava com esta aparente injustiça da vida. Ele escreveu sobre os perversos que escapavam apesar de suas más obras, e até prosperavam, enquanto muitos justos enfrentavam grandes problemas (Salmo 73). Com respeito à prosperidade dos maus, disse: "Em só refletir para compreender isso, achei mui pesada tarefa para mim; até que entrei no santuário de Deus e atinei com o fim deles" (Salmo 73:16,17). Ao refletir sobre o soberano Senhor do Universo, Asafe conseguiu ver as coisas novamente sob a perspectiva correta.

Quando lutamos com a realidade e vemos pessoas más literalmente cometendo assassinatos e toda sorte de imoralidade sem serem punidas, precisamos nos lembrar que "...o Senhor [...] é longânimo para convosco, não querendo que nenhum pereça, senão que todos cheguem ao arrependimento" (2 Pedro 3:9).

Portanto, a primeira parte da resposta para o sofrimento, é o fato de Deus usá-lo para nos alertar quanto a sérios problemas. A dor soa como um alarme indicando que algo está errado com o mundo, com a humanidade em geral, com você e comigo. Mas como veremos na próxima seção, o Senhor não apenas destaca os problemas, mas os usa para encorajar-nos a encontrar as soluções em Deus.

Por que o sofrimento?

Para nos orientar

Quando uma pessoa se afasta de Deus, muitas vezes a culpa é lançada sobre o sofrimento. Mas outros, ao descreverem o que as redirecionou, o que as ajudou a compreender melhor a vida de forma clara e motivou um relacionamento mais próximo de Deus curiosamente, também mencionam o sofrimento. Como podem circunstâncias tão semelhantes ter efeitos radicalmente diferentes? As razões estão profundamente arraigadas nas pessoas e não em acontecimentos.

Uma pessoa famosa dos meios de comunicação denunciou publicamente o Cristianismo como sendo "uma religião para perdedores". No entanto, esta mesma pessoa nem sempre pensou dessa forma. Quando jovem, estudou a Bíblia e frequentou um colégio cristão. Ao comentar zombeteiramente sobre os ensinamentos doutrinários que havia recebido, disse: "Creio que fui salvo umas sete ou oito vezes." Porém uma experiência dolorosa transformou a sua perspectiva sobre a vida e sobre Deus. A sua irmã mais nova ficou muito doente, e ele orou por sua recuperação, mas depois de cinco anos de sofrimento, ela morreu. Foi então que desiludiu-se com o Deus que permitira este desfecho, e disse: "Comecei a perder a minha fé e quanto mais a perdia, melhor me sentia."

O que faz a diferença entre uma pessoa assim e outra como Joni Eareckson Tada? Em seu livro *Onde Está Deus Quando Chega a Dor?* (Editora Vida, 2005), Philip Yancey descreve a transformação gradual que ocorreu na atitude de Joni nos anos que se seguiram ao seu acidente de mergulho.

"No princípio, Joni achava impossível reconciliar sua condição com a sua fé em um Deus que ama [...]. Sua volta a Deus foi gradativa. A transformação de sua atitude de amargura à confiança se estendeu por mais de três anos de lágrimas e sérios questionamentos."

Uma virada decisiva ocorreu na noite em que uma amiga íntima, Cindy, lhe falou: "Joni, você não é a única. Jesus sabe como você se sente. Afinal Ele também esteve paralisado." Cindy lhe descreveu como Jesus foi pregado na cruz, paralisado pelos pregos.

Yancey observou então: "Este pensamento deixou Joni intrigada e, por um instante, afastou sua mente de sua própria dor. Nunca lhe havia ocorrido que Deus pudesse ter sentido as mesmas sensações lancinantes que agora torturavam seu corpo. A compreensão deste fato foi profundamente alentadora."

Em vez de continuar a busca por uma resposta para o porquê desse acidente devastador, Joni foi forçada a depender mais fortemente do Senhor e olhar para a vida com uma perspectiva em longo prazo.

Yancey disse mais acerca desta moça: "Ela lutou com Deus, sim, mas não se afastou dele. Joni agora chama o seu acidente de um 'glorioso intruso' e afirma que foi a melhor coisa que lhe aconteceu. Deus usou este acidente para chamar sua atenção e guiar seus pensamentos em Sua direção."

O princípio de que o sofrimento pode produzir uma saudável dependência de Deus é ensinado pelo apóstolo Paulo em uma de suas cartas à igreja de Corinto. Escreveu:

Porque não queremos, irmãos, que ignoreis a natureza da tribulação que nos sobreveio na Ásia, porquanto foi acima das nossas forças, a ponto de desesperarmos até da própria vida. Contudo, já em nós mesmos, tivemos a sentença de morte, para que não confiemos em nós e sim no Deus que ressuscita os mortos (2 Coríntios 1:8,9).

Uma ideia semelhante pode ser encontrada nos comentários de Paulo a respeito de seus problemas físicos. O Senhor disse a este apóstolo: "A minha graça te basta, porque o poder se aperfeiçoa na fraqueza" (2 Coríntios 12:9). Paulo, então, acrescentou: "Pelo que sinto prazer nas fraquezas, nas injúrias, nas necessidades, nas perseguições, nas angústias, por amor de Cristo. Porque, quando sou fraco, então, é que sou forte" (2 Coríntios 12:10).

O sofrimento tem a sua maneira de demonstrar como os nossos recursos são limitados e fracos. Ele nos força a repensar as prioridades, os valores, os alvos, os sonhos, os prazeres, a fonte da verdadeira força e nossos relacionamentos com as pessoas e com Deus. Se não nos afastarmos de Deus, o sofrimento terá suas maneiras de dirigir nossa atenção para as realidades espirituais.

O sofrimento nos força a avaliar a direção das nossas vidas. Podemos optar pelo desespero, concentrando nossa atenção em nossos atuais problemas; ou podemos escolher ter esperança, reconhecendo o plano de longo prazo que Deus tem para nós (Romanos 5:5; 8:18,28; Hebreus 11).

De todas as passagens bíblicas, o capítulo 11 da carta de Hebreus é a que mais me assegura de que, seja a vida magnífica ou grotesca, a minha resposta deve ser de fé na sabedoria, no poder e no controle de Deus. Não importa o que suceder, eu tenho boas razões para confiar nele — como os grandes homens e mulheres do passado esperaram nele.

Ora, a fé é a certeza de cousas que se esperam, a convicção de fatos que se não veem (Hebreus 11:1).

Por exemplo, em Hebreus 11 nos lembramos de Noé, um homem que passou 120 anos esperando que Deus cumprisse a Sua promessa do dilúvio devastador (Gênesis 6:3). Abraão esperou muitos anos agonizantes antes que, finalmente, nascesse o filho que Deus prometera. José foi vendido como escravo e colocado numa prisão injustamente, mas por fim ele viu como Deus usou todo este aparente mal em sua vida para um bom propósito (Gênesis 50:20). Moisés esperou até completar 80 anos para que Deus o usasse para libertar os judeus do Egito. E mesmo assim, foi uma luta liderar aquelas pessoas de pouca fé (veja o livro de Êxodo).

A carta de Hebreus no capítulo 11 enumera pessoas como Gideão, Sansão, Davi e Samuel, as quais viram grandes vitórias ao viverem para o Senhor, mas no meio do verso 35, muda o tom. De repente, nos encontramos face a face com pessoas que tiveram de suportar sofrimentos incríveis, pessoas que morreram sem saber por que Deus permitira que passassem por tais tragédias. Pessoas que foram torturadas, escarnecidas, açoitadas, apedrejadas, serradas pelo meio, apunhaladas, maltratadas e forçadas a viver como párias (vv.35-38). Deus havia planejado que somente numa perspectiva eterna, em longo prazo, a fidelidade deles durante as provações seria recompensada (vv.39,40).

A dor nos força a olhar além de nossas circunstâncias imediatas. O sofrimento nos leva a fazer perguntas decisivas como "Por que estou aqui?" e "Qual é o propósito da minha vida?" Ao analisarmos tais perguntas e encontrarmos as respostas no Deus da Bíblia, encontraremos a estabilidade que precisamos para suportar até o pior que a vida possa nos infligir, porque sabemos que esta vida presente não é tudo o que existe. Quando compreendermos que o Deus soberano está acima de toda a história humana e entretecendo tudo numa peça de tapeçaria bonita que, em última instância, o glorificará, então poderemos ter um ponto de vista melhor das coisas.

Na carta de Romanos o apóstolo Paulo escreveu: "Porque para mim tenho por certo que os sofrimentos do tempo presente não podem ser comparados com a glória a ser revelada em nós" (8:18). Paulo não estava vendo os nossos problemas de forma superficial, mas estava dizendo aos cristãos que vissem as suas dificuldades presentes à luz da eternidade. Os nossos problemas podem ser de fato, bastante pesados, talvez até esmagadores. Mas o apóstolo Paulo diz, que quando comparados às glórias inacreditáveis que esperam por aqueles que amam a Deus, mesmo as circunstâncias mais tenebrosas e pesadas da vida se desvanecerão.

Precisamos ver um exemplo mais, talvez a ilustração mais significativa que poderíamos considerar. O dia no qual Jesus esteve pendurado na cruz é conhecido hoje como Sexta-feira Santa. Aquele dia foi tudo menos um dia santo ou bom. Foi um dia de sofrimento intenso, angústia, trevas e desalento. Foi o dia em que Cristo se sentiu completamente só. Foi o dia em que Deus parecia estar ausente e silencioso, quando parecia que o mal estava triunfando e que as esperanças se dissiparam. No entanto, veio o domingo. Jesus ressuscitou dos mortos. Este evento grandioso colocou a Sexta-feira Santa sob luz diferente. A ressurreição deu um significado completamente novo àquilo que acontecera na cruz, em lugar de ser um momento de derrota, tornou-se um dia de triunfo.

Nós também podemos olhar para o porvir; podemos suportar as nossas "sextas-feiras" e sermos capazes de olhar para elas como algo "bom", porque servimos ao Deus do domingo.

SOFRIMENTO

Bem-aventurado aquele que tem o Deus de Jacó por seu auxílio, cuja esperança está no Senhor. seu Deus, que fez os céus e a terra, o mar e tudo o que neles há ... (Salmo 146:5,6).

Portanto, quando os problemas chegarem, e eles certamente virão, lembre-se disto: Deus usa tais situações para guiar-nos a Ele e para termos uma visão de vida em longo prazo. Ele nos chama para termos confiança, esperança e para aguardarmos.

Por que o sofrimento?

Para nos moldar

Os treinadores de esportes gostam de usar a frase: "Sem sacrifício não há vitória." Como astro da equipe de atletismo durante o Ensino Médio (talvez eu não fosse tão maravilhoso, mas me esforçava muito!), ouvia como os treinadores nos recordavam sempre, que as horas duras de treinamento seriam recompensadas quando começássemos as competições. Eles estavam certos. Ah, nós nem sempre vencíamos, mas o nosso trabalho árduo trazia benefícios que eram óbvios.

Aprendi muito a respeito de mim mesmo nesses anos. E agora, continuo aprendendo ainda mais, ao disciplinar-me a caminhar todos os dias. Muitos dias não tenho vontade de fazê-lo. Não gosto de sentir dor quando faço exercícios de alongamento. Preferiria não forçar o radiador de meu corpo ao extremo. Preferiria não lutar com a fadiga quando subo as colinas, mas então, por que faço isso? O benefício recompensa a dor. Minha pressão arterial e a pulsação se mantêm baixas, não aumento de peso e me sinto mais alerta e saudável.

O exercício pode ter benefícios óbvios, mas o que dizer da dor que não escolhemos? O que podemos dizer das enfermidades, dos acidentes e da agonia emocional? Que tipo de benefício podemos obter disso? Será que o benefício realmente recompensa a dor?

Consideremos o que disse alguém que sofreu muito. Paulo escreveu:

...também nos gloriamos nas próprias tribulações, sabendo que a tribulação produz perseverança; e a perseverança, experiência; e a experiência, esperança (Romanos 5:3,4).

Este apóstolo introduziu sua afirmação sobre os benefícios do sofrimento, dizendo que também, "nos gloriamos nas próprias tribulações". Como podia afirmar que devemos nos alegrar ou estar contentes por termos que passar por alguma tragédia dolorosa? Certamente não estava dizendo para celebrar nossos problemas; em vez disso, disse que nos alegrássemos com o que Deus pode e fará por nós e para a Sua glória, *por intermédio* das nossas provações. A afirmação de Paulo nos encoraja a celebrar o produto final, e não o processo doloroso em si. Ele não quis dizer que devemos obter uma espécie de gozo mórbido da morte, do câncer, das deformações, dos problemas financeiros, relacionamentos rompidos ou um trágico acidente. Todas estas coisas horríveis são obscuros lembretes de que vivemos num mundo corrompido pela maldição dos efeitos do pecado.

Tiago, em sua carta, também escreveu sobre como deveríamos nos regozijar pelos resultados finais de nossos problemas. Ele afirmou:

Meus irmãos, tende por motivo de toda alegria o passardes por várias provações, sabendo que a provação da vossa fé, uma vez confirmada, produz perseverança. Ora, a perseverança deve ter ação completa, para que sejais perfeitos e íntegros, em nada deficientes (1:2-4).

SOFRIMENTO

Ao combinarmos as verdades contidas nestes versículos, podemos ver como os bons e dignos resultados do sofrimento são: a perseverança paciente, a maturidade de caráter e a esperança. Deus pode usar as dificuldades da vida para nos moldar, a fim de sermos mais maduros na fé, mais piedosos e mais semelhantes a Cristo.

Quando confiamos em Cristo como nosso Salvador, o Senhor não nos converte instantaneamente em pessoas perfeitas. Ele remove o castigo por causa do pecado e nos coloca no caminho que conduz ao céu. A vida então se transforma em um tempo para moldar nosso caráter, à medida que aprendemos mais a respeito de Deus e de como devemos agradá-lo. O sofrimento tem a sua maneira dramática de nos forçar a lidarmos com as questões mais profundas da vida. E ao sofrermos, crescemos mais fortes e adquirimos maturidade.

Ora, a perseverança deve ter ação completa, para que sejais perfeitos e íntegros, em nada deficientes (TIAGO 1:4)

O meu avô, Dr. M. R. DeHaan, escreveu sobre o processo de sermos moldados em nossas vidas, em seu livro *Broken Things* (Coisas Quebradas).

"Os melhores sermões que escutei não foram pregados em púlpitos, mas em camas de enfermos. As maiores e mais profundas verdades da Palavra de Deus são muitas vezes, reveladas não por aqueles que discursam como resultado de sua preparação e treinamento em seminário, mas por almas humildes que passaram pelo seminário da aflição e aprenderam pela própria experiência, as coisas profundas dos caminhos de Deus.

As pessoas mais alegres que encontrei, com raras exceções, foram aquelas que tiveram poucos dias bons e mais dias de dor e sofrimento em suas vidas. As pessoas mais gratas que encontrei não foram aquelas que andaram por caminhos de rosas em toda a sua vida, mas aquelas que, por causa das circunstâncias, se encontravam confinadas às suas casas, muitas vezes às suas camas e que aprenderam a depender de Deus como só este tipo cristãos dependem. Tenho observado que os queixosos, geralmente são aqueles que desfrutam de excelente saúde. Os que reclamam são aqueles que nada têm para se queixar. E aqueles queridos santos de Deus que têm alegrado o meu coração repetidamente ao pregarem dos púlpitos de suas doenças são os homens e as mulheres mais alegres e os mais agradecidos pelas bênçãos do Deus Todo-poderoso."

Como você reage às dificuldades da vida? Você se tornou melhor ou mais amargurado? Cresceu em sua fé ou afastou-se de Deus? Tornou-se mais semelhante a Cristo em seu caráter? Deixou que Ele o moldasse e o conformasse à imagem do Filho de Deus?

Como todas as cousas cooperam para o bem? Talvez o versículo em Romanos 8:28 seja a passagem mais citada da Bíblia durante um momento de sofrimento e dor. Lemos ali: "Sabemos que todas as cousas cooperam para o bem daqueles que amam a Deus, daqueles que são chamados segundo o seu propósito." Este versículo, muitas vezes, tem sido mal-entendido e talvez até mal-usado, mas a verdade contida nele pode trazer grande conforto.

O contexto da carta de Romanos capítulo 8 enfatiza o que Deus está fazendo por nós. O Espírito Santo que habita em nós, nos dá vida espiritual (v.9), nos assegura de que somos filhos de Deus (v.16) e nos ajuda em nossas orações nos momentos de fraqueza (vv.26,27). Também coloca os nossos sofrimentos num contexto mais amplo do que Deus está fazendo, de que Deus está cumprindo o Seu plano de redenção (vv.18-26). Os versículos 28 a 39 nos asseguram do amor de Deus para conosco, de que ninguém ou nada pode impedir que Deus faça aquilo a que Ele se propôs, e que nada poderá nos separar do Seu amor.

Visto de forma apropriada dentro do contexto de Romanos 8, o versículo 28 nos garante poderosamente que Deus está trabalhando para o bem de todos os que confiaram em Seu Filho como Salvador. O versículo não promete que vamos entender todos os acontecimentos da vida ou que depois de um tempo de provação, seremos abençoados com coisas boas nesta vida. Mas nos assegura que Deus está cumprindo o Seu plano por intermédio das nossas vidas. Ele está nos moldando e também às nossas circunstâncias, para glorificar a si mesmo.

O autor Ron Lee Davis, escreve em seu livro *Becoming a Whole Person in a Broken World* (Tornando-se uma pessoa completa num mundo quebrado, inédito):

> "As boas-novas não afirmam que Deus fará nossas circunstâncias terminarem da forma como gostaríamos, mas que Deus pode incluir nossas decepções e desastres em Seu plano eterno. O mal que nos acontece pode ser transformado em bondade divina. Romanos 8:28 traz a garantia divina de que, se amamos a Deus, nossas vidas podem ser usadas para cumprir Seus propósitos e mais adiante participarmos do Seu Reino."

Mas, você poderá perguntar: "Como podemos dizer que Deus tem o controle das coisas quando a vida parece estar descontrolada? Como Ele pode usar as circunstâncias para a Sua glória e para o nosso bem?" Em seu livro: *Why Us?* (Por que nós?, inédito), Warren Wiersbe afirma que Deus "prova a Sua soberania, ao não intervir constantemente e prevenir estes acontecimentos, mas governando e redirecionando para que mesmo as tragédias cumpram os Seus propósitos finais."

Como Senhor soberano do Universo, Deus está usando todas as circunstâncias da vida para nos tornar mais maduros e semelhantes a Cristo e para promover o Seu plano eterno. Entretanto, para cumprir tais propósitos, o Senhor quer nos usar para ajudarmos outros e quer que outros nos ajudem. É sobre isto que falaremos na próxima seção.

Por que o sofrimento?

Para nos unir

A dor e o sofrimento parecem ter uma habilidade especial para nos mostrar como necessitamos uns dos outros. Nossos problemas nos relembram como somos frágeis. Até mesmo a fraqueza dos outros pode nos sustentar quando nossa própria força se esgota.

Cada vez que me encontro com um pequeno grupo de amigos da igreja para orar e ter comunhão esta verdade se torna bem real para mim. Durante estes momentos em que nos reunimos regularmente, compartilhamos as cargas uns dos outros com relação a um filho doente, perda de emprego, tensões no trabalho, filho rebelde, aborto natural, hostilidade entre membros da família, depressão. É a oportunidade que temos para compartilhar também sobre o estresse de todos os dias, sobre um membro da família que não é salvo, decisões difíceis, crimes na vizinhança, lutas com o pecado e muito mais. Muitas vezes, ao final dessas reuniões, louvei ao Senhor pelo encorajamento que pudemos dar uns aos outros. Nossa relação tornou-se ainda mais sólida. Ao enfrentarmos juntos as lutas da vida, nos fortalecemos mutuamente.

Estes tipos de experiências pessoais à luz das Escrituras recordam-me de duas verdades importantes:
1. O sofrimento nos ajuda a perceber a nossa necessidade de outros cristãos.
2. O sofrimento nos ajuda a aliviar as necessidades dos outros, ao permitirmos que Cristo viva em nós.

Vejamos mais de perto cada uma destas maneiras pelas quais Deus usa a dor e o sofrimento com o propósito de nos unir a outros cristãos.

1. O sofrimento nos ajuda a perceber nossa necessidade por outros cristãos. Ao descrever a unidade de todos os cristãos, o apóstolo Paulo usou a analogia do corpo humano (1 Coríntios 12). Disse que necessitamos uns dos outros para vivermos adequadamente. Descreveu a situação desta forma: "De maneira que, se um membro sofre, todos sofrem com ele, e se um deles é honrado, com ele todos se regozijam. Ora, vós sois o corpo de Cristo; e, individualmente, membros desse corpo" (1 Coríntios 12:26,27).

Na sua carta aos Efésios, Paulo falou de Cristo: "De quem todo o corpo, bem ajustado e consolidado pelo auxílio de toda junta, segundo a justa cooperação de cada parte, efetua o seu próprio aumento para a edificação de si mesmo em amor" (Efésios 4:16).

Ao começarmos a reconhecer tudo o que os outros cristãos têm para nos oferecer, compreenderemos o quanto podemos ganhar, aproximando-nos deles quando estamos passando por um momento difícil. Quando os problemas parecem esgotar a nossa força, podemos buscar o apoio de outros cristãos para que nos ajudem a encontrar novas forças no poder do Senhor.

2. O sofrimento nos ajuda a aliviar as necessidades dos outros, ao permitirmos que Cristo viva em nós. O apóstolo Paulo escreveu:

"Bendito seja o Deus e Pai de nosso Senhor Jesus Cristo, Pai das misericórdias e Deus de toda consolação! É ele que nos conforta em toda a nossa tribulação, para podermos consolar os que estiverem em qualquer angústia, com a consolação com que nós mesmos somos contemplados por Deus" (2 Coríntios 1:3,4).

Como vimos anteriormente, precisamos uns dos outros porque temos algo de valor para oferecer. Temos discernimento espiritual e a sabedoria que adquirimos ao passar por provações de todos os tipos. Conhecemos o valor da presença física de uma pessoa querida. Quando experimentamos o conforto de Deus durante uma situação problemática, podemos nos identificar com aquelas pessoas que passam por situações semelhantes.

Quando me preparava para escrever este capítulo, li a respeito de experiências de pessoas que sofreram muito e falei com outras que já estavam familiarizadas com a dor. Tentei descobrir quem eram as pessoas que mais os ajudaram em seus momentos difíceis. Novamente a resposta foi: outra pessoa que passou por uma experiência semelhante. Esta pessoa pode sentir melhor empatia e seus comentários refletirão a compreensão advinda da experiência. Quando uma pessoa está suportando uma carga pesada, muitas vezes lhe soa superficial quando alguém lhe diz: "Entendo o que você está passando", a não ser que esta pessoa também já tenha passado por uma situação semelhante.

Mesmo sabendo que as pessoas que passaram por situações similares cresceram espiritualmente, isto não quer dizer que o restante de nós não tenha algo a oferecer. Todos temos a responsabilidade de fazer todo o possível para sermos solidários, tentarmos compreender e consolar. A carta de Gálatas 6:2 nos diz: "Levai as cargas uns dos outros e, assim, cumprireis a lei de Cristo." E a carta aos Romanos 12:15 afirma: "Alegrai-vos com os que se alegram e chorai com os que choram."

SOFRIMENTO

Dr. Paul Brand, especialista em lepra, escreveu:

"Quando o sofrimento ataca, nós, os que estamos perto, ficamos aturdidos por seu impacto. Lutamos contra os nós que se formam em nossa garganta, vamos resolutamente ao hospital fazer visitas, murmuramos algumas palavras de ânimo, talvez busquemos alguns artigos sobre sofrimento para saber o que dizer à pessoa que sofre. Mas quando pergunto aos pacientes e suas famílias: 'Quem o ajudou em seu sofrimento?', ouço uma resposta estranha, indefinida. Algumas vezes a pessoa descrita tem respostas suaves, personalidade atrativa e simpática. Em geral, é alguém calmo, compreensivo, que ouve mais do que fala, que não julga nem dá muito conselho. 'Uma sensação de presença.' Alguém que está presente na hora da necessidade, no momento em que necessito dela. Uma mão para segurar, um abraço de compreensão e envolvimento. Um nó na garganta que se compartilha" (*Fearfully and Wonderfully Made*, (Assombrosa e Maravilhosamente Formado).

Torna-se muito evidente que Deus nos fez para sermos dependentes uns dos outros. Temos muito para oferecer aos que sofrem, e outros têm muito para nos oferecer ao passarmos por dificuldades.

> **Resumindo, não existe a cura mágica para a pessoa que está sofrendo. Ela precisa, com certeza, do amor, pois o amor instintivamente detecta a necessidade.**
> **—PHILIP YANCEY.**

Ao desenvolvermos essa unidade, experimentaremos consolo maior ao reconhecermos que Deus usa o sofrimento para nos alertar sobre os problemas do pecado. O Senhor usa as dificuldades para nos guiar até Ele. Pode também usar os nossos problemas para nos tornar mais semelhantes a Cristo.

Como você pode ajudar?

Pode ser que você, neste momento, esteja sobrecarregado de dor. O pensar em ajudar a alguém pode parecer impossível. Entretanto, em determinado ponto ao longo do caminho, ao receber o conforto de Deus, você estará pronto para dar conforto a outros (2 Coríntios 1). Na verdade, tentar ajudar outras pessoas pode ser uma parte importante no processo de sua própria cura emocional.

Ou talvez você tenha lido este livro com a esperança de poder ajudar melhor a um amigo ferido ou a uma pessoa que você ama. As sugestões a seguir também foram escritas para ajudá-lo.

Ajudar a outros é sempre um risco. Nossa ajuda nem sempre é desejada. Outras vezes, quem sabe, dizemos coisas erradas, mas precisamos tentar estender a mão. A parábola de Jesus sobre o Bom Samaritano (Lucas 10:25-37) nos lembra de que somos responsáveis em ajudar as pessoas feridas que encontramos. Aqui estão algumas sugestões:

- Não espere que outra pessoa aja primeiro.
- Se possível, esteja fisicamente presente com o que sofre e toque a sua mão ou dê-lhe um abraço.
- Concentre-se nas necessidades dos que sofrem e não em seu próprio desconforto se não tiver as respostas adequadas.
- Permita que eles expressem os seus sentimentos. Não condene as suas emoções.
- Busque conhecer os seus problemas.
- Não dê a impressão de que você nunca sofre.
- Seja breve em suas palavras.

- Evite dizer: "Você não deveria se sentir assim" ou "Você já sabe o que deve fazer."
- Assegure-os de que vai orar por eles.
- Ore! Peça a Deus para ajudar você e também a pessoa enferma. Mantenha-se em contato.
- Ajude-os a dissipar a falsa culpa, assegurando-os de que o sofrimento e o pecado não são gêmeos inseparáveis.
- Se estão sofrendo por causa de um pecado ou se reconheceram algum pecado ao refletirem sobre sua vida, ajude-os a encontrar o perdão em Cristo.
- Encoraje-os a lembrar-se da fidelidade divina no passado.
- Mostre-os o exemplo e a ajuda de Cristo.
- Recorde-os de que Deus nos ama e cuida de nós, e que Ele está no controle de tudo.
- Encoraje-os a que vivam um dia de cada vez.
- Encoraje-os a procurar a ajuda necessária (com amigos, família, pastor).
- Ajude-os a perceber que lidar com os problemas exige tempo.
- Lembre-os do amor pastoral de Deus (Salmo 23).
- Lembre-os de que Deus tem o controle de todo o Universo, dos grandes e dos pequenos acontecimentos da vida.
- Não ignore os seus problemas.
- Não seja artificial, tentando "animá-los". Seja genuíno. Seja o amigo que você era antes de surgirem os problemas.
- Demonstre o amor que você gostaria que outros lhe demonstrassem, se você estivesse na mesma situação deles.
- Seja um bom ouvinte.
- Reconheça o quanto eles estão feridos.
- Dê-lhes tempo para sarar da dor. Não apresse o processo.

Melhor do que respostas

Ansiamos por respostas completas. Mas em lugar disto, Deus se oferece a si mesmo, e é o suficiente. Se já sabemos que podemos confiar nele, não precisamos de explicações completas. É suficiente saber que o nosso sofrimento e a nossa dor têm um sentido. É suficiente saber que Deus ainda governa o Universo e que Ele realmente cuida de nós, individualmente.

A maior evidência da preocupação de Deus por nós pode ser encontrada ao olharmos para Jesus Cristo. Deus amou o nosso mundo cheio de sofrimento de tal maneira que enviou o Seu Filho para agonizar e morrer por nós, para nos libertar de sermos sentenciados a uma tristeza eterna (João 3:16-18). Por causa de Jesus, podemos evitar a pior das dores, a dor da separação de Deus — para sempre. E por causa de Cristo, podemos suportar agora, até a pior das tragédias, com a força que Ele nos dá e a esperança que Ele coloca diante de nós.

O primeiro passo para enfrentar de forma realista o sofrimento é reconhecer que suas raízes originaram-se no pecado. Você já reconheceu o quanto Jesus sofreu na cruz por você para libertá-lo da punição do pecado? Coloque sua confiança nele. Receba o dom gratuito de Seu perdão. Somente nele você encontrará a solução duradoura para a dor em sua vida e neste mundo.

SOFRIMENTO
Deus deseja o meu bem-estar?

por Herb Vander Lught

Será que Deus deseja o meu bem-estar?

Será que Deus usa a enfermidade na vida de Seus filhos para desenvolver o caráter? Será que isto é coerente com as ações de um Deus de amor? Será que estamos enfermos porque não temos fé suficiente para sermos curados? Deus está curando as pessoas hoje por meio da fé daqueles que têm o dom da cura? O que deveríamos pensar quando enfermidades ou sofrimentos nos acometem ou a alguém próximo a nós? O que deveríamos fazer?

A Bíblia ensina sobre a cura, e revela quatro verdades positivas e insuperáveis com as quais todo filho de Deus pode contar, em tempos de enfermidades e sofrimentos.

O problema da dor

O homem reagiu irado às minhas tentativas de ajudá-lo. Ele estava morrendo de câncer no pulmão e estava cheio de amargura. Disse-me que não queria escutar sobre um Deus que permite que as pessoas sofram da forma como sofrem. E acrescentou: "Revoltei-me contra a Bíblia e me afastei da fé cristã quando minha mãe estava morrendo da mesma enfermidade que agora tenho. Ela era uma cristã dedicada, mas apesar de suas orações para que Deus a curasse ou a levasse ao lar eterno, suportou dores terríveis mês após mês. Decidi que, ou, Deus não existe ou Ele não é o tipo de Deus que pensamos que seja."

O meu coração se comoveu com aquele homem, mas nada do que lhe dissesse, o impressionava. Finalmente perguntei: "A sua mãe também se afastou de Deus?" Ele respondeu: "Não, ela continuou falando da graça de Deus e sobre estar com Jesus." E rapidamente acrescentou: "Mas eu não tenho o mesmo tipo de fé que ela tinha."

Sem dúvida, muitas pessoas afastam-se de Deus motivados pela dor. Acham difícil crer que um Deus amoroso e Todo-poderoso permitiria que pessoas boas sofressem como sofrem. Por outro lado, milhares testemunham que foi durante uma época de profunda tristeza ou de intensa angústia que experimentaram como o Senhor é mais presente e mais precioso do que nunca.

Acordos e desacordos entre os cristãos

Como cristãos, concordamos que Deus é amoroso, sábio e Todo-poderoso. Concordamos que este bom Deus deu às Suas criaturas pensantes a liberdade de escolher entre o bem e o mal, e que a má escolha deles trouxe Sua maldição sobre a Terra. Também concordamos que este Deus, infinitamente sábio e bom, está desenvolvendo um plano para o nosso supremo bem e Sua glória.

Entretanto, mesmo entre nós, que cremos na Bíblia, existem algumas áreas de discordância. Damos respostas diferentes a duas questões muito importantes: uma refere-se ao propósito da dor e outra à cura sobrenatural.

Deus usa a enfermidade para que os bons se tornem ainda melhores?

Ken Blue, um cristão com um ministério muito eficaz em Vancouver, Canadá, diz que não, e afirmou:

> O que chamaríamos de sofrimento numa família humana, outros na família de Deus o chamariam de bênção. O autor Francis McNutt explica: "Qual o pai ou mãe que escolheria o câncer para abrandar o orgulho de sua filha?" [...] Um dos maiores empecilhos para um ministério de cura imprescindível na igreja atual, é o conceito de que

a enfermidade é essencialmente boa para nós, que nos sobrevém para purificar a alma e melhorar o caráter... (*Authority to Heal*, Autoridade para curar).

Por outro lado, o Dr. M. R. DeHaan, médico, pastor e fundador de Ministérios RBC, disse que Deus faz uso da enfermidade na vida de Seus filhos para torná-los pessoas ainda melhores. Ele escreveu:

Os melhores sermões que escutei, não vieram de púlpitos, mas do leito de enfermos. As melhores, as mais profundas verdades da Palavra de Deus, muitas vezes são reveladas [...] por almas humildes que passaram pelo seminário da aflição e aprenderam, por experiência, coisas profundas dos caminhos de Deus.

Você está aflito e sofrendo, filho precioso de Deus? Então lembre-se — o seu Pai ainda sabe o que é o melhor. [...] É preciso amassar as uvas antes de se poder produzir o vinho. A não ser que as cordas do violino sejam esticadas a ponto de ressoar, este não produzirá música. É preciso moer o trigo para fazer o pão. Talvez não saibamos o que Deus está fazendo agora, mas algum dia compreenderemos e seremos como Ele (*Broken Things*, Quebrados, porque sofremos).

Deus ainda cura milagrosamente? O Dr. William Noland, após um período de diligente pesquisa, declarou que não encontrou qualquer evidência de que Deus está fazendo curas milagrosas nem de que tenha dado a alguém o dom para fazê-lo. E escreve:

Há dois anos comecei a procurar por um milagre de cura. Ao iniciar minha pesquisa, esperei encontrar alguma evidência de que alguém, em algum lugar, tivesse poderes sobrenaturais para curar os pacientes que nós, médicos, com todo o nosso conhecimento e treinamento, descreveríamos como "incuráveis." Como disse anteriormente, não fui capaz de encontrar alguém que faça milagres assim (*Healing: A Doctor in Search of a Miracle*, Cura: Um médico à procura de um milagre).

O Dr. J. Sidlow Baxter, um renomado professor da Bíblia, afirma que sim:

Quem pode negar o fato de ocorrerem muitas curas milagrosas, em grandes reuniões públicas? Somente aqueles que não estiveram presentes nem as viram. Eu as testemunhei; pessoas mudas de nascença falarem, surdos receberem nova audição, cegos obterem nova visão, pacientes de câncer terminal serem curados instantaneamente (sendo confirmado mais tarde por médicos), pessoas paralisadas pela artrite serem curadas e imediatamente levantarem-se, vítimas paralisadas por esclerose múltipla empurrando as suas próprias cadeiras de rodas, sem mencionar outras curas igualmente maravilhosas (*Divine Healing of the Body*, Cura divina do corpo).

Deus cura milagrosamente — mas nem sempre.

Podemos responder ambas as perguntas com um enfático sim. Deus usa o sofrimento como um meio para nos fazer crescer espiritualmente. Além disso, Ele cura milagrosamente — mas nem sempre. E quando não o faz, não temos que nos culpar, nem cair em desespero.

Verdades bíblicas para os santos que sofrem

Ela era enfermeira e estava bem segura de que sabia o que tinha. Não obstante, o seu rosto empalideceu quando o médico entrou no quarto do hospital e disse: "Sueli, lamento ter que confirmar o que você já suspeitava. Você está com esclerose múltipla." Ela estava consciente do que teria que suportar: paralisia gradual, problemas de fala, visão deteriorada, estremecimento brusco dos músculos e provavelmente momentos de intensa dor. Não era um panorama agradável.

Após a saída do médico, Sueli e seu esposo choraram, mas não por muito tempo. Eles oraram e conversaram livremente sobre a fé que tinham. Nesse momento, ambos perceberam a presença do Espírito Santo, e receberam forças para seguir adiante. Hoje, mais de 20 anos depois, eles estão razoavelmente bem. A enfermidade progrediu mais lentamente do que esperavam.

Os elementos essenciais deste cenário ocorrem a todo instante. Nenhuma família sai completamente ilesa. Não são muitos, nem mesmo entre os mais piedosos, os que desfrutam de uma excelente saúde até a velhice e que partem de forma tranquila para a eternidade. Simplesmente, não é assim. Por essa razão, precisamos saber o que a Bíblia ensina sobre enfermidade e cura.

O estudo a seguir demonstrará quatro verdades infalíveis com as quais todo o filho de Deus pode contar em tempos de enfermidade e sofrimento:

1. Deus trará a cura.
2. Deus sofre quando você sofre.
3. Deus conhece o motivo do seu sofrimento.
4. Deus está no controle.

SOFRIMENTO

1. Deus trará a cura

Se você é cristão e está doente ou sofrendo, pode firmar-se na certeza de que Deus vai curá-lo, pode ser que seja aqui na Terra, mas com toda a certeza na eternidade. Esta é a garantia que Ele dá. Como filhos Seus, somos destinados a receber um corpo novo e glorificado e a viver para sempre no céu. O apóstolo Paulo obteve grande consolo em sua expectativa de ressurreição e glória eterna. Depois de reafirmar sobre a ressurreição de Cristo na carta de 1 Coríntios 15, ele prosseguiu dizendo que nós também receberemos corpos ressurretos como o que Cristo tem (vv.20-58). Esta verdade o sustentou quando sofreu em seu serviço para o Senhor. Em espírito de alegria e otimismo escreveu:

> *Por isso, não desanimamos; pelo contrário, mesmo que o nosso homem exterior se corrompa, contudo, o nosso homem interior se renova de dia em dia. Porque a nossa leve e momentânea tribulação produz para nós eterno peso de glória, acima de toda comparação, não atentando nós nas cousas que se veem, mas nas que se não veem; porque as que se veem são temporais, e as que se não veem são eternas. Sabemos que, se a nossa casa terrestre deste tabernáculo se desfizer, temos da parte de Deus um edifício, casa não feita por mãos, eterna, nos céus*
> (2 Coríntios 4:16–5:1).

Talvez você não se entusiasme muito com estas palavras, porque deseja ser curado aqui e agora. Os seus sentimentos não são incomuns. O sofrimento não é agradável. Instintivamente, queremos ter boa saúde e estar livres de qualquer dor — e nesse momento. Mas se pensarmos desta maneira, olharemos a vida do ponto de vista daqueles que não têm a verdadeira esperança da eternidade, daqueles que nos dizem que devemos desfrutar de tudo que pudermos porque "vivemos apenas uma vez".

Na verdade, os que creem em Cristo deveriam viver acima do nível meramente humano. Devemos enfrentar o fato de a vida ser breve, no melhor dos casos, e que as coisas aqui na Terra nunca são perfeitas. Somos chamados a exercitar a nossa fé e ver além do imediato e terreno. Viveremos para sempre num mundo novo e maravilhoso! Quando compreendermos realmente esta verdade, poderemos compartilhar a atitude vitoriosa expressa por Paulo na carta de 2 Coríntios 4. Começaremos a aguardar alegremente o invisível e eternas realidades celestes. De fato, nós "...gloriamo-nos na esperança da glória de Deus" (Romanos 5:2).

Joel A. Freeman nos dá o exemplo de uma pessoa que aprendeu a esperar. Ele escreve: "Bruno compreende este princípio, pois o aprendeu da forma mais difícil. Com 18 anos, os seus olhos comunicam travessura ao tentar passar por cima dos meus pés com a sua superpotente cadeira de rodas elétricas. (O que me faz lembrar de colocar minhas botas com ponta de aço na próxima vez que o visitar).

"Há quatro anos, Bruno estava andando com a sua bicicleta de dez marchas, quando um motorista bêbado cruzou a linha que dividia as pistas e o golpeou na lateral. Bruno foi lançado a aproximadamente 27 metros de distância. Cinco dias mais tarde, ele sentiu o toque suave da mão de uma enfermeira em sua testa — sua primeira lembrança depois do acidente.

"Como paraplégico, Bruno luta contra as frias garras da autocomiseração. Já batalhou contra o sussurro sedutor do suicídio. Mas sabe de uma coisa? Ele recebeu uma tremenda vitória — aceitou a soberania de Deus em todo este acontecimento."

"A condição física de Bruno tem melhorado muito pouco, mas a sua atitude deu uma volta de 180 graus, mudando dos ataques cíclicos de raiva e desespero para olhares brilhantes, com os olhos cheios do propósito eterno de viver. Ele se tornou um "curador de feridas", consolando outros naquilo que ele mesmo tem sido confortado" (*God Is Not Fair,* Deus não é justo).

Não, fisicamente este rapaz não está completamente recuperado. Mas experimentou a presença de Deus. Sabe que é um membro desse grande corpo de santos sofredores e que muitos deles já partiram antes (Hebreus 11:30–12:4). Isto o encoraja e entusiasma a esperar pelo dia, em que estará completamente bem e reunido a eles.

2. Deus sofre quando você sofre

Se você for um cristão que está sofrendo, pode se fortalecer com a segunda verdade bíblica que diz que Deus está sofrendo com você. Ele não é o "Autor estático" mencionado na filosofia grega. Não é um Ser insensível que ignora a dor de Suas criaturas. Também não é um deus caprichoso que firma a sua vontade, sem nenhuma consideração com aqueles que sofrem. Pelo contrário, Ele é o nosso amoroso Pai celestial, e sofre quando sofremos. O salmista declarou: "Como um pai compadece de seus filhos, assim o Senhor se compadece dos que o temem. Pois ele conhece a nossa estrutura e sabe que somos pó" (Salmo 103:13,14).

Ao relembrar como Deus lidava com Israel, o profeta escreveu: "Em toda a angústia deles, foi ele angustiado [...] pelo seu amor e pela sua compaixão, ele os remiu..." (Isaías 63:9). Os profetas do Antigo Testamento, repetidamente, descreviam Deus como aquele que tem prazer em abençoar Seus filhos e que sofre quando eles devem sofrer.

Entretanto, o sofrimento de Deus quando sofremos, não encontrou a plena expressão até ser revelado na pessoa de Jesus Cristo. Ele é Emanuel "Deus conosco" (Isaías 7:14). Ele, a segunda pessoa da Trindade eterna, tornou-se membro da nossa humanidade. Sofreu tudo o que nós poderíamos sofrer. Nasceu num estábulo,

Por que Deus o permite?

como membro de uma família pobre. Cresceu em lar humilde numa pequena cidade. Foi trabalhador até completar 30 anos. Não teve um lar durante os Seus três anos de ministério. Foi magoado pelos seus meio-irmãos, e foi rejeitado pelo povo judeu, para o qual Ele viera. Foi incompreendido e desfigurado. Foi ridicularizado e acusado falsamente. Foi traído por um companheiro achegado e abandonado por Seus amigos mais próximos. Foi açoitado e forçado a carregar um pesado madeiro sobre as Suas costas dilaceradas. Foi pregado numa cruz, e enquanto padecia, suportou os escárnios dos zombadores.

Por que agiu assim? Ele não poderia ter pago o preço por nossos pecados, sem passar por toda essa humilhação e abuso? Até onde sabemos, a resposta é sim. Sua morte na cruz expiou o nosso pecado, e não o Seu sofrimento anterior ao Calvário. Parece que Ele passou por toda essa dor e humilhação adicionais por duas razões: para revelar o coração de Deus (2 Coríntios 4:6) e para converter-se em nosso Sumo Sacerdote solidário (Hebreus 4:15,16). Deus sempre sofre quando o Seu povo sofre. Mas Ele sofreu de maneira tangível, por intermédio da encarnação e do acontecimento iniciado em Belém.

Você está sofrendo? Está enlutado? Está desapontado porque morrerá antes de concretizar seus planos e esperanças? Tenha certeza — Deus se importa. Ele sofre com você, e não se agrada por seu sofrimento, da mesma maneira como isto não lhe agrada. Ele poderia intervir e curá-lo instantaneamente, mas se o fizesse por você e por todos que sofrem, ninguém teria necessidade do tipo de fé que constrói o caráter cristão. Por isso, Ele permite o seu sofrimento, mas enquanto isso, assim como você, Ele espera ansioso o momento em que toda a dor humana terminará.

J. I. Packer expressou esta verdade eloquentemente em seu livro *Knowing God* (Conhecendo Deus, inédito).

O amor de Deus aos pecadores implica em Sua própria identificação com as necessidades das pessoas. Tal identificação está totalmente envolta em amor: na realidade, é o teste do quanto o amor é genuíno ou não. [...] Não é em vão que a Bíblia geralmente fala de Deus como o Pai e Esposo amoroso de Seu povo. Deduz-se da própria natureza destes relacionamentos, que a felicidade do Senhor não será completa até que os Seus amados deixem finalmente de ter problemas [...]. Com efeito, Ele decidiu que daqui em diante e por toda a eternidade, a Sua felicidade dependerá da nossa. Portanto, Deus salva não somente para a Sua glória, mas para a Sua alegria.

Assim como um bom marido sofre quando vê sua esposa experimentar a dor, e os pais que amam os seus filhos sentem a angústia deles, assim também o Senhor sofre quando você sofre. E, Ele não estará completamente feliz enquanto você não parar de sofrer.

3. Deus conhece o motivo do seu sofrimento

Esta é a terceira verdade que consola. Queremos respostas quando sofremos, por isso clamamos: "Por quê?" Até os servos especiais de Deus poderão dizer o mesmo quando passarem por aflições ou dor.

Conheci um pastor que soube recentemente que está com câncer. Ele ficou descontente com os caminhos de Deus. Disse a um amigo: "Não compreendo por que razão Deus permite que isso tenha acontecido comigo. Eu o servi fielmente. Não estou alimentando um pecado secreto. Tenho cuidado do meu corpo e me alimento saudavelmente. Evito açúcar, café e refrigerantes. Mantenho o meu peso sob controle. Não creio que mereça isto."

Os seus protestos nos lembram os de Jó há quase quatro mil anos. Jó pronunciou as palavras por quê 16 vezes, Ele chegou a enumerar

12 maneiras em que havia sido um homem moral, honesto, generoso e amável (Jó 31:1-14). Mas Deus nunca respondeu aos questionamentos dele. Nem respondeu às interrogações que saíram dos lábios de meu amigo pastor. Entretanto, Deus fez algo melhor. Ele lhes deu a segurança de que Ele sabia o porquê, e o fez, lembrando-lhes da grande sabedoria e poder que havia mostrado em Sua criação do mundo. Além disso, Ele os fez reconhecer que os Seus caminhos são perfeitos em sabedoria e bondade.

Às vezes, podemos responder os por quês. É sempre bom examinarmos o nosso coração para ver se há alguma culpa pela dor que passamos. Talvez estejamos doentes porque não obedecemos às regras do bom senso para a saúde. Talvez o acidente que nos feriu seja o resultado de nossa negligência. É possível que a nossa enfermidade seja o resultado da disciplina de Deus porque existe algum pecado em nossa vida (1 Coríntios 11:29,30; Hebreus 12:6). A Bíblia nos ensina que alguns cristãos morrem antes do tempo (humanamente falando) por causa de algum pecado (Atos 5:1-11; 1 Coríntios 11:30). Se reconhecermos que estamos vivendo em desobediência, devemos nos arrepender. Pode ser que Deus nos cure quando o fizermos. E quando vemos a morte de um ente querido, que caiu em pecado, podemos consolar-nos na certeza de que Deus, às vezes, leva um de Seus filhos para casa, em lugar de vê-lo prosseguir em sua jornada destrutiva.

Entretanto, geralmente não podemos encontrar respostas específicas para os nossos por quês. Nem sempre podemos esperar compreender o motivo do nosso sofrimento. Mas ainda assim, Deus não nos deixa completamente na escuridão. Além de nos assegurar de que Ele sabe o porquê, o Senhor tem nos mostrado que até mesmo o sofrimento inexplicado tem um propósito valioso.

No evangelho de João, Jesus usou o encontro com um homem cego para ensinar aos Seus discípulos esta lição. Eles lhe perguntaram:

"Mestre, quem pecou, este ou seus pais, para que nascesse cego?" (João 9:2). Eles obviamente viram esta aflição como punição pelo pecado de alguém, dos seus pais ou dele mesmo, quando ainda no ventre materno. Jesus lhes respondeu: "Nem ele pecou, nem seus pais; mas foi para que se manifestem nele as obras de Deus" (João 9:3). A aflição deste homem não era a punição por algum pecado especial, mas tinha o seu valor. Tinha o propósito de fazer dele um veículo pelo qual se podia demonstrar o poder de Deus. Após dizer o que queria ensinar, Jesus acrescentou: "É necessário que façamos as obras daquele que me enviou, enquanto é dia; a noite vem, quando ninguém pode trabalhar" (v.4). E Jesus deu a visão àquele homem.

Para nós, a aplicação é óbvia. Em vez de desperdiçarmos nossa energia em especulações inúteis acerca do motivo, vejamos o sofrimento — seja nosso ou de outros — como uma oportunidade de demonstrar o poder de Deus e de glorificá-lo. Talvez Ele responderá as nossas orações, curando-nos. Talvez usará o sofrimento de alguém que amamos, para fazer-nos mais compassivos, mais amáveis, mais úteis. Ou pode ser que Ele permita que soframos, mas nos dê tamanha graça sobrenatural, de forma que esta seja um testemunho vibrante para a Sua glória. Na verdade, Deus tem muitas boas razões para permitir nosso sofrimento:

- O sofrimento silencia Satanás (Jó 1–2).
- O sofrimento dá a Deus a oportunidade de ser glorificado (João 11:4).
- O sofrimento nos faz mais semelhantes a Cristo (Hebreus 2:10; Filipenses 3:10).
- O sofrimento nos torna mais agradecidos (Romanos 8:28).
- O sofrimento nos ensina a depender de Deus (Êxodo 14:13,14; Isaías 40:28-31).

- O sofrimento nos capacita a praticarmos a nossa fé (Jó 23:10; Romanos 8:24,25).
- O sofrimento nos ensina a paciência (Romanos 5:3; Tiago 1:2-4).
- O sofrimento nos torna solidários (2 Coríntios 1:3-6).
- O sofrimento nos torna e nos mantém humildes (2 Coríntios 12:7-10).
- O sofrimento traz recompensas (2 Timóteo 2:12; 1 Pedro 4:12,13).

Poderíamos dar muitas outras razões para o sofrimento. Pode ser que não saibamos qual delas se enquadre em nossa situação, mas Deus sabe, e isso nos consola.

4. Deus está no controle

Esta é a quarta verdade bíblica para os cristãos que sofrem. O fato de Deus estar no controle não significa que Ele é a causa direta de toda lesão ou enfermidade. Às vezes, elas vêm por meio de Satanás e geralmente pela ação das leis naturais que Deus colocou no Universo.

Satanás foi quem roubou os bens, os filhos e a saúde de Jó. A mulher que Jesus curou de uma enfermidade que a deixou encurvada, era "…filha de Abraão, a quem Satanás trazia presa há dezoito anos" (Lucas 13:16). Este adversário também estava envolvido na "destruição da carne" na vida de um membro da igreja que estava sob disciplina (1 Coríntios 5:5). E o "espinho na carne" de Paulo era um "mensageiro de Satanás, para [o] esbofetear" (2 Coríntios 12:7).

No entanto, a maioria dos sofrimentos é o resultado de processos naturais. O hábito de beber conduz a alucinações, fala indistinta e colapso físico (Provérbios 23:29-35). O jovem que entra na casa da prostituta é semelhante a um "boi que vai ao matadouro" (Provérbios 7:22). Os problemas estomacais de Timóteo provavelmente estavam relacionados à água que ele tomava (1 Timóteo 5:23). Muitas enfermidades podem ser eliminadas por meio de vacinas, dieta e bons hábitos de saúde. É óbvio que não podemos culpar Deus como o agente principal duma grande porcentagem do sofrimento que atormenta a humanidade.

Entretanto, o fato de Satanás e fatores naturais serem os agentes diretos de grande parte do sofrimento humano, não deveria ser considerado evidência de que Deus não está envolvido. Estes males não teriam ocorrido, se Ele não os tivesse permitido. Deus deu permissão ao diabo para afligir Jó, mas foi o Senhor que determinou os limites (Jó 1–2).

Mesmo quando as enfermidades ou os acidentes podem ser atribuídos à negligência humana ou causas naturais, eles ocorrem porque Deus as permite. Jesus nos assegurou de que nada pode nos suceder que não passe antes pela vontade de Deus. Jesus nos disse que até um acontecimento aparentemente insignificante, como a morte de um pardal, não acontece sem "o consentimento de vosso Pai" (Mateus 10:29). Paulo expressou o controle de Deus sobre todas as coisas declarando que nós, os que cremos, somos "…predestinados segundo o propósito daquele que faz todas as cousas conforme o conselho da sua vontade" (Efésios 1:11).

> **Jesus nos assegurou de que nada pode nos suceder que não passe antes pela vontade de Deus.**

Deus tem tudo sob o Seu controle. Pode ser que Ele permita que o diabo o coloque à prova, permitindo que você adoeça. Pode ser que Ele lhe permita sofrer grandes dores num acidente causado por negligência ou pelo ataque perverso de uma pessoa má.

Estes acontecimentos desagradáveis nos provam e podem, inclusive, induzir-nos a pecar, mas podemos descansar na seguinte certeza:

Não vos sobreveio tentação que não fosse humana; mas Deus é fiel e não permitirá que sejais tentados além das vossas forças; pelo contrário, juntamente com a tentação, vos proverá livramento, de sorte que a possais suportar (1 Coríntios 10:13).

Não importa qual for a sua prova, não importa quão grande for a sua dor ou aflição, lembre-se de que isto passou pela vontade deliberada de Seu Pai celestial, antes de chegar até você. Ele o ama e pode curá-lo milagrosamente, e se não o fizer, estará com você em toda a sua dor e algum dia, o levará ao céu. Independente do que fizer, Ele tem em vista o seu bem-estar final. O Deus perfeitamente sábio e bom, a quem você serve, tem tudo sob o Seu controle.

Doentes e sofredores no contexto bíblico

A Bíblia tem muitos relatos de enfermidades graves, intensos sofrimentos, profundas tristezas e mortes prematuras. Estas coisas são atribuídas a Deus ou a Satanás. E em algumas ocasiões, não sabemos a fonte exata. Algumas vezes, a cura ocorreu por meio de um milagre, outras, foi uma cura natural. Em certas ocasiões, a cura temporária não ocorreu — e a pessoa morreu. Às vezes, a razão é óbvia, outras vezes, implícita. E em algumas ocasiões, não temos qualquer indicação.

Jó (Jó 1–42)
- Personagem: um homem piedoso e rico que viveu há uns quatro mil anos (1:1-5).
- Aflição: perda da sua propriedade, morte de seus filhos, enfermidade dolorosa de pele (1:13-19; 2:1-10).
- Fonte da aflição: Satanás, com a permissão de Deus (1:12; 2:6).

- Motivo da aflição: prova e refinamento (1:6-12; 2:1-10; 23:10).
- Resultado da aflição: maior conhecimento de Deus e de si mesmo (42:1-6).
- Lição: tanto Deus como Satanás podem estar envolvidos no envio de nossas aflições (Jó 1:12; 2:6).

Miriã (Êxodo 15:20,21; Números 12; 26:59)
- Personagem: irmã de Moisés e Arão.
- Aflição: lepra.
- Fonte: Deus.
- Motivo: punição por rebelião.
- Resultado: arrependimento, cura e restauração.
- Lição: às vezes, Deus usa o sofrimento para disciplinar os Seus filhos desobedientes.

A esposa de Ezequiel (Ezequiel 24:15-27)
- Personagem: esposa de um grande profeta.
- Aflição: enfermidade e morte.
- Fonte: Deus.
- Motivo: ilustrar a relação de Deus com Israel.
- Resultado: Deus foi glorificado (de maneira implícita).
- Lição: Deus, algumas vezes, usa o sofrimento e até a morte para cumprir os Seus propósitos.

Mefibosete (2 Samuel 4:4; 9)
- Personagem: filho de Jônatas; neto de Saul.
- Aflição: manco devido à queda.
- Fonte: não identificada.
- Motivo: não relatado.
- Resultado: aflição por toda a vida, incurável.
- Lição: Deus nem sempre nos diz a razão de nosso sofrimento.

Paulo (2 Coríntios 12:1-10)

- Personagem: o grande apóstolo dos gentios.
- Aflição: um espinho na carne (uma enfermidade física não identificada).
- Fonte: presente de Deus (implícito) e um "mensageiro de Satanás."
- Motivo: impedir que Paulo se exaltasse devido às suas experiências espirituais únicas.
- Resultado: Paulo permaneceu com o espinho, apesar de suas orações por libertação, mas este tornou-se uma bênção porque aumentou a sua dependência de Deus.
- Lição: Deus nem sempre outorga a cura temporal, nem sequer a Seus filhos mais devotos.

Perguntas sobre a cura

Determinadas passagens bíblicas abordam claramente alguns aspectos da cura.

O que dizer sobre a nossa autoridade para curar? Em um de meus artigos do *Pão Diário*, afirmei que embora não tenhamos a autoridade de trazer os mortos de volta à vida, podemos fazer coisas práticas para ajudar aqueles que passam por alguma tristeza. Para minha surpresa, várias pessoas me escreveram, acusando-me de não acreditar que: "...à medida que seguirdes, pregai que está próximo o reino dos céus. Curai enfermos, ressuscitai mortos, purificai leprosos, expeli demônios; de graça recebestes, de graça dai" (Mateus 10:7,8).

Sim, o Senhor deu a Seus discípulos autoridade para curar, talvez até para ressuscitar os mortos (ainda que estas palavras não apareçam em alguns dos manuscritos mais antigos). Mas cometeremos um erro se interpretarmos estas palavras como uma ordem para nós ou se crermos que elas nos dão autoridade para curar enfermos e ressuscitar os mortos. Jesus dirigiu estas palavras a um pequeno grupo de homens que, naquele momento, do outro lado do Calvário, estavam pregando o "evangelho do reino" somente aos judeus. Depois de referir-se a esta passagem, o Dr. DeHaan, em seu estilo inigualável, escreveu:

> Eles não podiam aceitar dinheiro pelos seus serviços; não deviam levar qualquer provisão, mas viver da bondade, da caridade e da generosidade das pessoas às quais ministravam [...]. Aqueles apóstolos não podiam inclinar-se ao luxo; nada de suítes em hotéis caros; mas a sua vida devia ser de austeridade e de autonegação; uma vida de pobreza como correspondia aos seguidores daquele que não tinha "onde deitar a Sua cabeça", que nasceu em um estábulo, dependeu da caridade de Seus amigos, montou um jumento emprestado e morreu numa cruz de pecadores. Se, pois, a comissão contida no versículo 8: de "curai enfermos" deve ser aplicada a nós hoje, isto também deveria envolver todas estas outras instruções que o Senhor deu, neste contexto. Este versículo é constantemente citado como um motivo para fazer os mesmos milagres hoje, mas com certeza a consistência exige que o restante desta passagem também seja aplicado.

Que dizer da cura no arrependimento? "Você não precisa estar enfermo. Cristo morreu pelas nossas enfermidades e pelos nossos pecados. Mediante a fé devemos reivindicar a libertação da enfermidade, assim como reivindicamos a libertação da penalidade por nossos pecados. Esta é a mensagem do evangelho de Mateus 8:16,17 para nós." Um homem piedoso, que estava morrendo de câncer, escutou pelo rádio quando um pregador disse estas palavras. Ficou confuso. Começou a sentir culpa por causa da sua falta de fé, tanto quanto sofria por causa de sua enfermidade. Eu lhe assegurei que ele não havia fracassado espiritualmente. Ele e os seus entes queridos haviam orado fervorosamente. Nem as suas orações nem a sua fé eram deficientes. Aparentemente, não era da vontade de Deus que ficasse curado. Então aquele homem foi capaz de enfrentar a sua morte iminente com fé e coragem.

Vamos examinar o texto do evangelho de Mateus 8:16,17, para ver exatamente o que diz ali sobre relacionamentos entre o arrependimento e a cura:

Chegada a tarde, trouxeram-lhe muitos endemoninhados; e ele meramente com a palavra expeliu os espíritos e curou todos os que estavam doentes; para que se cumprisse o que fora dito por intermédio do profeta Isaías: Ele mesmo tomou as nossas enfermidades e carregou com as nossas doenças (MATEUS 8:16,17).

As últimas palavras são uma citação exata do texto hebraico do livro de Isaías 53:4. Jesus tomou as nossas enfermidades, participando das dores e das tristezas da humanidade de forma solidária e compassiva. Os Seus milagres de cura foram sinais. Eles mostravam a Sua compaixão por nós e apontavam para a Sua morte, com a qual Ele pagaria o preço pelo pecado para que no final todo o sofrimento não existisse mais. As curas operadas por Jesus eram sinais da cura completa que por fim, haverão de desfrutar todos os que colocarem a sua confiança nele.

Nada nesta passagem bíblica sugere que podemos reivindicar a cura física por meio da contrição. O autor D. A. Carson, sabiamente observou: "A cruz é a base para todos os benefícios que os cristãos recebem; mas isto não significa que todos estes benefícios podem ser

SOFRIMENTO

assegurados no momento em que o exigirmos, da mesma maneira que também não temos o direito, nem o poder de exigir a ressurreição dos nossos corpos" (*The Expositor's Bible Commentary* [Comentário e Expositor Bíblico], Vol. 8, Zondervan, p. 267).

Que dizer dos cultos de unção? Nos cultos de algumas igrejas, as pessoas doentes e que estão sofrendo são convidadas a vir à frente para serem ungidas com óleo e serem feitas orações em seu favor. Esta cerimônia está fundamentada em Tiago 5:13-16. Mas a pessoa doente mencionada na carta de Tiago chama os presbíteros da igreja para que venham vê-la. Talvez esteja muito enferma para ir vê-los. A combinação da palavra grega asthenia (enfermo) no versículo 14 e kamno (enfermo) no versículo 15 é vista por alguns estudantes da Bíblia como o retrato de alguém que está deitado numa cama, provavelmente enfermo, sem esperança de cura. Esta unção não ocorre num culto público, nem por meio de um convite vindo de um púlpito.

Os presbíteros devem orar pela pessoa enferma e ungi-la com óleo. Esta unção com óleo era um cerimonial e não um ato medicinal. O óleo não tinha valor de cura para uma pessoa com certa enfermidade grave, que podia levá-la à morte. Além disso, Tiago disse que é a "oração da fé" que salva a pessoa enferma da morte física, e não o óleo.

O que significa esta oração da fé? Certamente não é um estado mental que se adquire mediante muito choro ou gritos agonizantes! Isto vai contra o que Jesus disse sobre a oração (Mateus 6:7-15). A "oração da fé" é uma oração guiada pelo Espírito, sensível e submissa à vontade de Deus.

As palavras encontrada na carta de Tiago 5:13-16 foram dirigidas aos santos da igreja dessa época. Mas alguns estudantes da Bíblia creem que foram destinadas somente aos que viveram na

Era Apostólica, e declaram que a carta de Tiago foi escrita em data muito precoce, quando os apóstolos que possuíam os dons da cura e do discernimento (1 Coríntios 12:1-11), ainda viviam. Também chamam a nossa atenção para o fato do texto parecer implicar que sempre se podia esperar a cura.

Entretanto, muitos outros estudantes da Bíblia não se sentem confortáveis com esta interpretação. Não podem encontram razões sólidas para limitar esta instrução somente à Era Apostólica. Dizem, portanto, que deveríamos atender aos pedidos de unção e oração dos enfermos. Também dizem que a confissão de pecados parece ser um elemento importante do culto de unção e de oração.

Os estudiosos da Bíblia certamente diferem quanto ao valor desta prática na igreja de hoje, porém, uma coisa é certa, nenhuma pessoa que seja imparcial, pode convertê-la em base bíblica para os cultos públicos de unção.

Que dizer da promessa de João 14:12? Jesus disse aos Seus discípulos: "Em verdade, em verdade vos digo que aquele que crê em mim fará também as obras que eu faço e outras maiores fará, porque eu vou para junto do Pai" (João 14:12). A primeira pergunta que devemos nos fazer é: "Para quem Jesus estava falando?" A resposta está clara: para os Seus discípulos. Suas promessas se cumpriram? Sim, elas se cumpriram. Os milagres dos discípulos, alguns dos quais estão registrados no livro de Atos dos Apóstolos, certamente eram semelhantes aos de Cristo. Mas e o que dizer da expressão: "e outras maiores fará"? Com certeza, não foram físicas. Como pode se equiparar o alimentar cinco mil pessoas usando o almoço de um menino, acalmar uma tempestade com uma só palavra e ressuscitar mortos? Estas "outras maiores" obras, sem dúvida, se referiam aos triunfos espirituais do evangelho. Os apóstolos, fortalecidos pelo poder do Espírito Santo, iniciaram um movimento que colocou o mundo da sua época de pernas para o ar (Atos 17:6). Milhões de pessoas, em sua maioria gentios, creram nas boas-novas e foram transformados. Durante um período de apenas 30 anos, as promessas de nosso Senhor aos apóstolos se cumpriram!

Lembre-se, o nosso Senhor estava dirigindo-se ao Seu círculo mais próximo de discípulos, e cumpriu as promessas feitas a eles. Não temos o direito de tomar estas palavras como um mandamento para nós, a fim de fazermos milagres. Mesmo na época dos apóstolos, os dons sobrenaturais de milagres e cura foram dados de forma soberana por Deus, como Ele queria. Ele não deu os mesmos dons para todos (1 Coríntios 12:1-11). Depois de enumerar os dons, Paulo escreveu: "Mas um só e o mesmo Espírito realiza todas estas cousas, distribuindo-as, como lhe apraz, a cada um, individualmente" (1 Coríntios 12:11). Sim, Deus poderia dar-nos poder para fazermos milagres como o fizeram Jesus e os apóstolos. Ele é soberano, mas Ele não nos prometeu poder para efetuar milagres. Nem na passagem do evangelho de João 14:12, nem em qualquer outra passagem da Bíblia!

O que dizer do dom da cura? Alguns líderes cristãos estão convencidos de que possuem os "dons de curar" mencionados na carta de 1 Coríntios 12. Além disso, muitas pessoas sãs, honestas e respeitáveis concordam com esta reivindicação. Elas testemunham que experimentaram ou presenciaram curas verdadeiras, pela imposição das mãos em cultos de cura. E desafiam aqueles que não creem em suas palavras para que encontrem um versículo no Novo Testamento que diga explicitamente que os dons de cura cessaram com os apóstolos.

Os escritores do Novo Testamento não declaram explicitamente em nenhum lugar que os dons da cura deixaram de existir. Entretanto, a carta aos Hebreus 2:1-4 deixa claro que os dons de sinais milagrosos não estavam presentes no ano 68 d.C. como na etapa anterior, na Era Apostólica. O escritor de Hebreus declarou que a mensagem da salvação "...foi-nos depois confirmada [...] por sinais, prodígios e vários milagres e por distribuição do Espírito Santo, segundo a sua vontade" (Hebreus 2:3,4). No original grego, o tempo verbal está no passado. Além do mais, juntou os "sinais e prodígios" e os "dons do Espírito Santo". Parece que os dons de sinais sobrenaturais já não estavam presentes como estiveram na época anterior.

Outro assunto significativo é o fato de que no idioma grego, os dons de sinais sobrenaturais escrevem-se ambos no plural — "dons de curas", "dons de línguas", "operações de milagres." Este detalhe pode indicar que os dons sobrenaturais não eram inerentes à pessoa como o dom de um ofício, digamos o de apóstolo, profeta, evangelista e pastor-mestre (Efésios 4:11).

Aparentemente, sobrevinha à pessoa para um acontecimento específico e tinha que ser dado de novo ou renovado pelo Espírito Santo, segundo a Sua vontade. Talvez por isso Paulo, que em determinada ocasião curou muitas pessoas (Atos 19:11,12), não podia curar Epafrodito (Filipenses 2:25-30), Trófimo (2 Timóteo 4:20) ou Timóteo (1 Timóteo 5:23).

As curas atuais por meio das orações não necessariamente indicam que alguém exercitou o dom da cura. Deus pode curar em resposta à oração quando Ele quiser.

Como nem os apóstolos possuíam um dom permanente de cura, temos boas razões em negar que alguém o tenha hoje. Também os registros de curas milagrosas durante as eras subsequentes da história da igreja, não deveriam ser considerados como evidências de que os sinais, prodígios e dons de cura continuaram. Uma cura divina não precisa ser um sinal ou um prodígio, mesmo que esteja bastante claro que seja algo sobrenatural. Nem as curas atuais por intermédio da oração indicam que alguém exercitou os "dons de curar". Deus pode curar em resposta à oração, sempre que quiser fazê-lo.

Que dizer dos estrondosos relatos contemporâneos de cura? Por onde quer que você for encontrará pessoas que dizem que foram curadas milagrosamente por meio da oração, de uma visita a um santuário ou mediante a obra de um curandeiro. A tendência entre os não-cristãos (e inclusive de muitos cristãos) tem sido a de ignorar ou negar estes relatos. Entretanto, muitos secularistas ultimamente as consideram mais seriamente, sem achar tais fenômenos inexplicáveis ou milagres divinos. Rapidamente reconhecem que as remissões espontâneas e as aparentes curas ocorrem entre cristãos e não-cristãos. Refugiam-se nos mistérios do relacionamento entre a mente, a matéria e o poder inexplicável da sugestão. Nem mesmo tentam refutar os testemunhos de curas milagrosas de pessoas que receberam tratamento de curandeiros, cujos métodos não têm validade científica.

O nosso enfoque como cristãos é diferente. Cremos em Deus e no Seu poder de curar. Muitos de nós tivemos experiências de primeira mão, de curas estrondosas que foram respostas às orações. Portanto, não questionamos o fato de que Deus pode, e cura. Entretanto, deveríamos reconhecer que nem todos os incidentes humanamente inexplicáveis são milagres de Deus. Eles ocorrem até mesmo entre os adoradores de Satanás! Portanto, provamos a credibilidade de um líder religioso por aquilo que ensina, e não pela análise dos milagres que lhe são atribuídos.

O que dizer do "espinho na carne" de Paulo? Na segunda carta aos Coríntios 12:1-10, Paulo falou de seu "espinho na carne". Disse que este lhe foi "posto" para impedir que se tornasse soberbo pelas assombrosas revelações que havia recebido. Também declarou que se tratava de um "mensageiro de Satanás, para me esbofetear". Sem dúvida, Deus foi o doador do espinho; era Ele quem estava interessado em que Paulo permanecesse humilde e não o diabo. Mas Satanás podia usar este espinho para angustiá-lo.

Não sabemos que espinho era este. Foram feitas muitas sugestões. Alguns pensam que pode ter sido uma enfermidade da vista, epilepsia ou malária. Outros, dispostos a manter a ideia de que os cristãos obedientes permanecem livres de enfermidades, mencionam um demônio dentro dele ou afirmam que se tratava de inimigos ferrenhos. Estas últimas sugestões, entretanto, não correspondem às palavras de Paulo: "...me gloriarei nas fraquezas, para que sobre mim repouse o poder de Cristo" (2 Coríntios 12:9). Uma possessão demoníaca ou inimigos persistentes não são "fraquezas". O "espinho" era, sem dúvida alguma, algum tipo de aflição física. E Deus a deu a Paulo, para o seu bem espiritual. Deus não o removeu, apesar das sinceras orações de Paulo por sua remoção. No entanto, Deus providenciou fortaleza e graça tão maravilhosa, que Paulo o viu como uma bênção.

De quanta fé necessito? Muitas pessoas creem que se cumprirmos as condições de Deus, de ter fé suficiente, sempre seremos curados. Por isso, quando oram elas "mencionam e reivindicam" com audácia uma cura completa. Até dizem para a pessoa que ela está bem, quando os sintomas da enfermidade ainda permanecem.

O Dr. Paul Brand, na edição de 25 de novembro de 1983 da revista *Cristianismo Hoje*, contou a triste história sobre uma família que via as coisas desta maneira. Quando o seu filho de quinze meses adoeceu com sintomas de resfriado, a família seguiu o conselho dos líderes de sua igreja e confiou exclusivamente nas orações para que a criança se recuperasse. O filho piorou nas semanas seguintes, perdendo gradualmente os sentidos da audição e visão. Finalmente morreu — e permaneceu morto apesar das orações fervorosas para que Deus restaurasse a sua vida. A autópsia mostrou que a causa da morte foi uma espécie de meningite, que podia ter sido facilmente tratada.

Pois bem, estas pessoas tinham uma tremenda fé. Mas a força da nossa fé não determina se a cura virá ou não. Alguns milagres de nosso Senhor Jesus não se relacionavam de maneira alguma com a fé daqueles que tinham sido beneficiados por tais milagres (Mateus 12:9-13; Marcos 1:23-28; Lucas 7:11-15; 13:10-13; 14:1-6; 22:50,51; João 9:1-38). Além do mais, podemos dizer que Paulo não foi curado de seu "espinho na carne" porque não tinha fé suficiente? Os problemas estomacais de Timóteo seriam decorrentes de sua falta de fé? (1 Timóteo 5:23).

Será que Deus deseja o meu bem-estar?

Sim, agora estamos prontos para responder diretamente à pergunta que aparece no título deste capítulo. Deus deseja o seu bem-estar assim como "...deseja que todos os homens sejam salvos e cheguem ao pleno conhecimento da verdade" (1 Timóteo 2:4). Mas nem todos aceitam a Sua oferta de salvação. Deus gostaria de ver o bem-estar de todos os Seus filhos, mas muitos deles desobedecem às normas de uma boa saúde. Alguns andam por caminhos pecaminosos e precisam ser disciplinados (Hebreus 12:6). Todos nós tiramos algum proveito espiritual de determinadas provas e dores pelas quais passamos. Paulo e Tiago exortaram os cristãos a se alegrarem quando fossem provados pelo sofrimento (Romanos 5:3-5; Tiago 1:2-4). Os seus ensinamentos nos asseguram de que o sofrimento é um elemento indispensável em nosso desenvolvimento espiritual. Deus deseja o nosso bem-estar, mas não seria bom para nós, passarmos pela vida sem dor.

Entretanto, isto não quer dizer que devamos ver com pessimismo a saúde física ou o prazer, tampouco deveríamos nos resignar estoicamente ao fato de que devemos esperar bastante sofrimento. Pelo contrário, deveríamos ver a vida com otimismo. A Palavra de Deus dá garantias e promove um estilo de vida que conduz ao bem-estar físico e psicológico. E o faz em pelo menos de nove maneiras diferentes:

1. Dá alívio do pesado fardo e da culpa (Salmo 32:1,2; Romanos 5:1).
2. Dá o poder para nos libertar da amargura interior, causada por um espírito não perdoador (Mateus 6:12,14,15; Efésios 4:32).
3. Promove uma perspectiva positiva de nosso corpo, assegurando-nos de que o Espírito Santo vive em nós (1 Coríntios 6:19) e que o nosso corpo está destinado à ressurreição (1 Coríntios 15).
4. Ensina-nos que a expressão sexual é, segura e satisfatória, dentro do vínculo do matrimônio (1 Coríntios 7:1-5; Hebreus 13:4).
5. Provê graça para os cristãos solteiros, capacitando-os a viver uma vida plena e feliz (1 Coríntios 7:7,8,32,39,40).
6. É caracterizada pela esperança: uma confiança cheia de esperança quanto ao futuro (Romanos 8:31-39).
7. Assegura-nos de que somos membros de uma comunidade seleta — o Corpo de Cristo, no qual cada pessoa tem um papel especial para o benefício de todos (Romanos 12:3-8; 1 Coríntios 12:1-31).
8. Fomenta um relacionamento único com Deus, de maneira que podemos ir a Ele como o nosso Pai, numa atitude de

expectativa e pedir-lhe por cura quando estivermos doentes (Mateus 7:7-11; Romanos 8:15; Tiago 5:14,15).
9. Capacita-nos a regozijarmos mesmo quando sofremos dor (Atos 5:41; 2 Coríntios 4:16-18).

Deus deseja o seu bem-estar. Ele permite a enfermidade e a dor, somente quando pode usá-las para o seu bem, e garantirá que você estará bem por toda a eternidade. Crer nisto promoverá a sua boa saúde.

A enfermidade, a cura e você

Os jovens poucas vezes têm contato pessoal com a dor e a tristeza. A maioria de seus avós ainda vive. E mesmo quando veem os avós adoecerem ou morrerem, imaginam que ainda falta muito tempo para que isto suceda a um membro de sua família imediata. Cedo ou tarde, todo mundo tem contato próximo com a dor, tristeza e morte. Por isso, deveríamos nos perguntar: "Como seguirei adiante quando um médico me disser: 'Sinto muito, fizemos tudo o que estava ao nosso alcance,' ou 'Espero que você esteja preparado para receber más noticias. Devo dizer-lhe que tem câncer e que não podemos fazer muito por você'?"

Deposite a sua confiança em Jesus Cristo, ainda hoje.

Se você colocou a sua confiança em Jesus Cristo, poderá enfrentar tais notícias com calma e esperança. Se você não estiver vivendo em obediência, poderá afastar-se do seu pecado e voltar-se para Deus. Poderá pedir que o Senhor o cure e poderá orar com absoluta certeza que Deus irá curá-lo, se isto glorificar o Senhor e se for para o seu bem-estar eterno. E se Ele não o curar, Deus lhe dará a Sua maravilhosa graça e usará esta aflição para o bem.

Deposite a sua confiança em Jesus Cristo, ainda hoje. Reconheça seus pecados e sua incapacidade para se salvar. Creia que Jesus morreu na cruz pelos pecadores e que ressuscitou dos mortos. Em seguida, coloque a sua confiança nele, crendo que Ele morreu por você. Ele o perdoará e permitirá que você seja um membro de Sua família e lhe dará a vida eterna. Ele cuidará de você em todo o tempo e por toda a eternidade.

SOFRIMENTO

Sobrevivendo às tempestades do estresse

por Ron Hutchcraft

Nossas expectativas escravizantes

Os comerciais nos inquietam e até ajudam a criar essa inquietação. Se forem bons, sentimos a necessidade de adquirir os seus produtos no momento em que a propaganda termina. Queremos um hálito melhor, mãos mais macias, um aroma mais agradável ou um hambúrguer maior.

Um clássico anúncio de batatas fritas mostra um menino subindo num ônibus, com um pacote grande nas mãos. À medida que ele pega outra batata frita, exclama: "Aposto como você não consegue comer uma só." Ouvindo o ruído irresistível, o motorista do ônibus pega "apenas uma". É claro, ele continua mastigando, até o seu pensamento estar envolvido pela ação de comer as batatas. No final do comercial, todos no ônibus estão mastigando e cantando: "Ninguém consegue comer somente uma!" É impressionante, se considerar que não se consegue nem fazer duas pessoas conversarem entre si numa curta viagem, nos ônibus que eu utilizo.

Mas os publicitários são especialistas em motivação humana. Eles querem criar em nós o desejo por obter sempre mais. Mesmo sem esses anúncios, somos impelidos por esse desejo.

A resposta à nossa insatisfação geralmente é o desejo de ter "mais", "se eu tivesse" algo mais. Convencemo-nos de que nada há de errado conosco que não possa ser resolvido com mais tempo, com uma casa maior, mais dinheiro, mais amigos, emprego melhor, mais roupas, mais emoções, mais conforto.

Em seguida, ainda descontentes, pensamos em obter ainda mais: um grande aumento de salário, a casa dos sonhos, uma companhia, uma agenda menos estressante, sermos ovacionados por uma plateia em pé, apenas para descobrir ao final que a "dor de cabeça" reaparece.

SOFRIMENTO

A inquietante verdade é que o "mais" nunca é o suficiente! O descontentamento destrói qualquer possibilidade de paz pessoal, e nos condena à insatisfação, sob pressão garantida.

A sabedoria convencional nos diz: "A realização do homem deveria estar sempre além do seu alcance." Um compromisso com a excelência, o serviço, a pureza pessoal deveria nos manter sempre em busca de algo mais. Por natureza, somos perseguidores. Por isso, Deus nos admoesta a buscar a paz! Mas grande parte do estresse moderno é o resultado de buscas erradas — descontentamento desnecessário. Somos escravizados por expectativas que não podem ser satisfeitas, que são intrinsecamente frustrantes. Estes "agentes" aparecem de três maneiras e nos mantêm sempre à margem, pois fazem-nos continuamente buscar algo mais.

1. Expectativas em relação aos bens materiais

Platão fez sábios comentários a respeito de nossas expectativas quanto aos bens materiais:

A pobreza consiste não na redução dos bens de alguém, mas no aumento da sua cobiça.

Sempre haverá "algo mais" que você não possui! E o acúmulo de coisas apenas aumenta o desejo por obter-se mais. Houve a época, em que ansiávamos por ter uma TV, mas em seguida precisávamos de duas. Primeiro ficávamos emocionados com um apartamento próprio, mas a emoção era logo substituída pelo anseio por uma pequena casa própria. Eventualmente, a pequena casa já não era suficiente, seria necessário uma maior para resolver a questão. E seria bom que também tivesse uma piscina.

Conforme as palavras de Platão, a nossa "pobreza" consiste no aumento da cobiça. Jantar fora era um prazer especial — agora virou rotina. Hoje, é necessário um restaurante sofisticado para se ter o mesmo prazer de outrora. Parece que o ar-condicionado era um luxo apenas dos ricos — hoje eu também preciso ter um. O luxo de ontem tornou-se a necessidade de hoje.

As coisas boas da vida são verdadeiramente boas quando Deus as supre à Sua maneira e em Seu tempo. Elas se tornam escravizantes quando as exigimos — e contamos com elas. As expectativas em relação aos bens materiais sempre nos empurrarão além dos frágeis limites da paz.

2. Expectativas em relação aos outros

Vivemos num estado de frustração crônica porque as pessoas significativas em nossa vida não correspondem às nossas expectativas. Ou são incapazes de corresponder.

O autor James Dobson ressalta que antes de o bebê nascer, dizemos apenas que o importante é a criança ser saudável. Mas após o nascimento, queremos uma super criança! Ou queremos que tenha a vida que não tivemos ou a repetição da vida que tivemos. De alguma maneira, as notas escolares, os amigos, e o estilo pessoal nunca são bons o suficiente. Concentramo-nos naquilo que precisa ser melhorado, raras vezes naquilo que já conseguiram alcançar.

Assim, os nossos filhos rapidamente se igualam a nós na ansiedade por obter "ainda mais".

Os casamentos se tornam campos de batalha porque os nossos cônjuges nos decepcionam continuamente. Os pontos fracos são amplificados; os fortes, esquecidos — exatamente o oposto do namoro. Esperamos sempre mais do príncipe encantado ou da Cinderela e eles podem cansar-se por nunca corresponderem às expectativas.

Tais expectativas podem fazer a pessoa tornar-se irremediavelmente insatisfeita em seu trabalho. Na verdade, o que a pessoa quer é não precisar trabalhar e não ter patrão. E a síndrome da insatisfação pode atingir até mesmo a igreja. No final das contas, há algo errado com todo pastor, todo líder. Acabamos esperando a perfeição das pessoas ao nosso redor, perfeição esta que pertence somente a Deus.

Se você não está satisfeito com as pessoas ao seu redor, você provavelmente está ainda menos satisfeito consigo mesmo. Comparamo-nos aos padrões de educação, companheirismo ou de objetivos inatingíveis, e nunca relaxamos porque nunca somos suficientemente bons.

Certo dia, após um culto, uma mulher me segurou precisando falar sobre suas preocupações com o seu filho esbanjador. Ela fizera tudo o que podia e ele ainda caminhava nas estradas 'perigosas' da vida. À medida que conversávamos, tornou-se evidente que os seus padrões eram exageradamente altos em relação ao rapaz; padrão este, que ele jamais alcançaria. Disse-lhe que um filho que nunca é suficientemente bom, algum dia deixaria de tentar sê-lo. Ele pode vir a rebelar-se e isto removeria qualquer possibilidade de expectativas inatingíveis. O filho dela havia optado por não cumprir as exigências da mãe apenas no intuito de criar pressão ainda maior.

A mulher começou a chorar ao revelar a razão que a motivara a ter pressionado tanto o seu filho. Ela havia crescido em meio aos destroços deixados por seu pai alcoólatra. E em seu sofrimento juvenil decidira ser uma mãe perfeita e ter um lar perfeito. Caminhara nesta "corda bamba" por anos, e as lutas de seu filho sempre foram uma ameaça aos seus objetivos. Se ele não fosse bom o bastante, então ela também não seria suficientemente boa. Ela sempre exigia mais dele e de si mesma, e nenhum deles conseguia encontrar a paz.

Se as nossas esperanças de paz são colocadas aos cuidados de pessoas imperfeitas, então tais esperanças tendem a se evaporar.

3. Expectativas de desempenho

O desempenho nos conduz às agendas, sacrifícios e compromissos estressantes. O nosso valor pessoal atrela-se ao valor do nosso trabalho, e nenhum lugar no topo da montanha é o suficiente. Mesmo o topo não satisfaz. Foi isto que Alexandre, o Grande, descobriu quando chorou porque não havia mais mundos a serem conquistados.

O descontentamento é o inimigo mortal da paz — uma raiz profunda do estresse e da insatisfação.

Uma jovem começou o Ensino Médio com expectativas fúteis sobre como seria o seu desempenho. Ela parecia triste na maior parte do tempo, tão triste que se encontrava à beira do suicídio. Embora tenha conseguido superar as profundezas da depressão, não sorria muito. A ironia em sua insatisfação se devia ao fato de ela ser, naturalmente, uma grande conquistadora! Ela foi eleita vice-presidente do coro da escola, mas se sentia arrasada por não ter sido escolhida como a presidente. Academicamente, alcançou o segundo lugar em sua classe, mas escolheu olhar para a estudante que estava à sua frente, em vez de olhar para os 300 que estavam atrás dela. A tempestade em seu interior raramente se abrandava porque vencer era a sua única opção.

Qualquer que seja o nosso jogo, perderemos constantemente se tivermos que vencer. Aspiramos ser promovidos na empresa onde trabalhamos — apenas para conseguir a próxima promoção antes da tinta secar, na porta do nosso novo escritório. Nenhuma recompensa, nenhuma realização são suficientes. Castigamos os nossos corpos, nossas famílias, nossos amigos e o nosso equilíbrio mental para alcançar mais uma vitória.

Algum dia este desejo insaciável de conquistar pode prejudicar até o casamento. Existe a "necessidade" de demonstrar que você ainda é atraente. Os flertes inocentes são tentadores. Você, seu cônjuge, seus filhos — e mesmo a sua conquista — acabam sendo sacrificados no penoso altar do adultério.

É estressante a escravidão de sempre ter que provar algo. O descontentamento é como uma esteira de ginástica, debaixo dos nossos pés. Estamos sempre correndo em busca de novos bens, exigindo mais das pessoas, visando mais conquistas. Não há descanso nesta esteira. O descontentamento é o inimigo mortal da paz — uma raiz profunda do estresse e da insatisfação.

Em vez disso, considere a equação de contentamento do apóstolo Paulo:

De fato, grande fonte de lucro é a piedade com o contentamento. Porque nada temos trazido para o mundo, nem coisa alguma podemos levar dele. Tendo sustento e com que nos vestir, estejamos contentes (1 Timóteo 6:6-8).

O valor do estresse

Os nossos dois meninos gostam de estudar história, mas não gostam de fazer excursões. Na verdade, eles conseguem separar a palavra turismo em duas sílabas longas. E resmungam sem dó: "tuuuu-rismo"? Numa manhã de verão, quando lhes assegurei de que iríamos visitar uma antiga cidade americana, sem que precisássemos ouvir senhoras vestidas de época falando sobre prédios antigos, eles consentiram. Com reservas.

Os artesãos deram vida ao lugar. O ferreiro fazia a sua mágica com o fogo e o ferro. O moendeiro nos mostrou como a roda de um moinho mais um pouco de trigo faz a farinha. E o oleiro nos fez esquecer nossa má vontade de fazer "tuuu-rismo". A habilidade dele era quase hipnotizante. Ele sentou-se na sua roda, movendo ritmicamente a manivela com os seus pés. Ali perto, estavam uns montes de barro, sem forma, cinzentos e aparentemente inúteis. Agora, um destes montes merecia totalmente a sua atenção. Com dedos ágeis, o oleiro trabalhava naquele barro e o tornava um vaso de escultura.

A cabana do oleiro era apertada, muito pequena para todas as pessoas ali comprimidas que observavam o que ele fazia, naquele dia quente. Por fim, a multidão foi embora. Mas os nossos filhos queriam ficar. Eles haviam visto duas prateleiras de vasos prontos, uma de cada lado do oleiro. Com inocência infantil, um dos meus filhos tentou tocar um deles.

"Cuidado!", exclamou o oleiro. "Por favor, não toque a cerâmica daquela prateleira. Você vai estragá-la." Então ele nos surpreendeu, ao dizer: "Por que você não pega naquelas da outra prateleira?" É claro que ficamos curiosos por que alguns vasos podiam ser tocados e outros não.

Olhando de relance para a prateleira onde se lia "não toque", ele explicou: "Estes ainda não passaram pelo fogo." O oleiro nos explicou de que havia algo mais para fazer peças de arte do que dar belas formas a um monte de barro. Se ele parasse nesse ponto, elas logo se estragariam e perderiam a sua forma. Sem o fogo, o trabalho do oleiro ainda pode ser bonito, mas muito frágil.

Os outros vasos podiam ser tocados porque tinham ido para o forno duas vezes com temperaturas de mais de dois mil graus Celsius. "O fogo faz o barro ficar firme e forte", concluiu o oleiro. "O fogo torna a beleza duradoura." Este era o segredo. Os meus pensamentos se voltaram às palavras de Pedro

> *...sejais contristados por várias provações, para que, uma vez confirmado o valor da vossa fé, muito mais preciosa do que o ouro perecível, mesmo apurado por fogo...* (1 PEDRO 1:6,7).

O apóstolo Pedro e o oleiro me falavam a respeito de um fogo que aumenta o valor de algo precioso. Tendo passado grande parte da minha vida adulta num forno — para ser exato, numa panela de pressão — eu conhecia o fogo. Muito podia se atribuir à minha agenda superaquecida e ao meu estilo de vida demasiadamente comprometido. Aquele calor era minha culpa.

Mas existe outro fogo que não vem de mim, mas do Oleiro-Mestre. Para ser exato, existe um fogo que queima e outro que embeleza.

Estresse produzido por Deus

Desde o dia que descobri o versículo "...procura a paz e empenha-te por alcançá-la" (Salmo 34:14), tive a esperança de que a minha vida seria mais calma. A vida não ficou mais tranquila, mas eu sim. Ao remover algumas raízes da minha inquietação, fiz uma 'cirurgia' no estresse que surge de mim. Atacando os centros de estresse em minha vida, sou capaz de lidar com o estresse que vem a mim... e ainda sobra estresse! Isto porque assim deve ser. O que continua a me mover é o estresse celestial que é para mim — o calor que o tempo prova, fortalece e embeleza.

Ter paz pessoal não significa eliminar o estresse. Se vivemos sem pressão, somos tão frágeis como aqueles vasos do oleiro que não haviam passado pelo fogo. Deus tem me moldado de forma habilidosa, na Sua roda, fazendo algo de muito maior valor a partir do "barro". Mas este trabalho de artesão precisa do fogo para deixá-lo firme e forte.

Ao procurar a paz, estou tentando eliminar o estresse que eu mesmo causo e a controlar o que os outros causam. O que resta é o estresse que o próprio Deus ou causa permite. A vida em paz resiste ao estresse infligido em si mesmo — mas cresce como resultado do estresse divinamente produzido.

Se retirarmos a pressão de um pedaço de carvão, não haverá o diamante. Retirando aquele grão irritante de areia do interior de uma ostra, não haverá a produção de uma pérola. Ao proteger uma macieira da poda, teremos poucos frutos. A pressão, a irritação e a dor também podem ser instrumentos para o desenvolvimento das pessoas.

O tipo errado de pressão pode quebrantar, enfraquecer ou matar, o que acontece quando a minha rotina estressante, minha corrida infinita, gera uma sobrecarga. Apesar de já ter aliviado esta sobrecarga, os meus dias ainda continuam esmagados por demandas, mudanças e frustrações. A pressão continua igual, mas simplesmente não parece tão pesada. Talvez Deus envie uma carga, mas nunca enviará uma sobrecarga.

Quando o meu coração, fatigado pelo estresse, rastreou a palavra paz na Bíblia, descobri uma nova perspectiva para lidar com minhas pressões:

É para disciplina que perseverais (Deus vos trata como filhos) [...]. Toda disciplina, com efeito, no momento não parece ser motivo de alegria, mas de tristeza; ao depois, entretanto, produz fruto pacífico aos que têm sido por ela exercitados, fruto de justiça (HEBREUS 12:7,11).

Aqui está! Este é o estresse que contribui para a nossa paz! As dificuldades aqui são vistas como um treinamento. Mas se não estivermos procurando pela lição que o treinador quer ensinar no problema, teremos somente a dor e perderemos a paz. Quando alguém, que busca a paz, compreender que está num processo de treinamento ao invés de apenas estar enfrentando problemas, poderá relaxar mesmo sob intensa pressão. Saber que esta dor trará a paz, não a tornará mais agradável, mas você pode lidar com a situação com mais calma.

SOFRIMENTO

Francamente, quase perdi a minha paz pessoal quando tinha apenas um pouco mais de um mês de experiência nesta área. Meu "confronto com o estresse" tinha sido no final do verão. Saí desse momento de virada, com um renovado sentimento de esperança, percebendo que finalmente havia reconquistado o controle. Eu tinha feito compromissos específicos com o meu Senhor, com minha esposa, meus filhos e meu trabalho — compromissos alicerçados na descrição bíblica do que significa uma vida de paz. Foi ali que tudo começou a se desenrolar.

Esperava que o outono fosse agitado como sempre fora. Ajudaria três crianças a se adaptarem em três escolas diferentes, lidaria com o agitado início do ano escolar entre os jovens em meu ministério de ação, e teria uma agenda lotada de conferências e reuniões.

Comecei esta árdua batalha com alegria, expectativa e confiança. Aprendera a praticar a paz. Não esperava a avalanche no auge da agitação, que começou no fim de setembro, num jogo de futebol do Ensino Médio de uma escola local. Um amigo me agarrou e repentinamente soltou uma bomba com suas palavras: "Acho que o seu filho está com um braço quebrado." Bastou apenas um olhar para Douglas, para que eu confirmasse as más notícias.

Jamais esquecerei da cena que se seguiu na sala de emergências. Como os dois ossos estavam quebrados e torcidos, o médico teve que examinar, esticar e puxar por um longo tempo. Douglas foi corajoso, mas a sua dor era quase insuportável. Estranhamente, de uma maneira que somente os pais podem compreender, assim era a minha dor. Quando finalmente chegamos à casa, minha esposa e eu nos sentíamos totalmente esgotados — como se cada um de nós tivesse quebrado um braço.

A luta emocional durou muito mais do que a dor física. Um braço quebrado pode não significar muito num gráfico que exemplifique o sofrimento humano, mas é uma carga bem pesada para um jovem atleta de 12 anos. Todos os seus sonhos esportivos daquela estação foram dilacerados por causa de seu braço quebrado. Sua expectativa em entrar para o Ensino Médio com o braço engessado não fazia parte dos planos iniciais. A ambição natural de tornar-se um bom esportista complicou-se pelos quatro meses que teria de estar com o gesso. A expectativa pelos feriados e celebrações do final daquele ano, que Douglas tanto gostava, evaporou-se à medida que os seus amigos competiam e ele apenas os assistia. Mais tarde, quando o médico informou que os ossos estavam se calcificando tortos, compreendemos que esta batalha poderia durar anos, e não apenas meses. Minha nova paz estremeceu.

Aquele braço quebrado foi apenas o tiro inicial no bombardeio de novas tensões. Na noite em que minha esposa e eu voltamos do Haiti, ela foi acometida por um problema gastrointestinal bastante severo. Incapaz de se mover, Karen foi levada rapidamente ao hospital pela ambulância, antes mesmo de desfazermos as nossas malas. Sua dor era tão forte que o nosso clínico geral passou a maior parte da noite conosco. Era a segunda vez, em duas semanas, que eu estava na mesma sala de emergências, vendo alguém a quem eu amava sofrer.

A isto se seguiu um sério ataque de flebite, forçando Karen a ficar de cama quando nos apressávamos para terminar um grande projeto. Quando, depois, a hepatite a deixou acamada por seis meses, nos restava apenas, rir ou chorar. Fizemos um pouco de ambos. E para completar essa fase, a nossa filha também ficou hospitalizada por uma semana. Os tremores estavam começando a ficar maiores na escala *Richter*.

Com tantas tribulações em casa, teria sido melhor se as coisas no trabalho estivessem estáveis. Mas não. Foi nesta mesma época que enfrentamos uma crise financeira séria, que ameaçava nos paralisar. Os nossos empregados não se queixavam, mas não estavam sendo pagos em dia. Ao mesmo tempo, alguns conflitos pessoais não resolvidos apareceram, ameaçando separar-nos.

Toda disciplina, com efeito, no momento não parece ser motivo de alegria, mas de tristeza; ao depois, entretanto, produz fruto pacífico aos que têm sido por ela exercitados, fruto de justiça (HEBREUS 12:11).

As longas reuniões que se seguiram conduziram ao estresse de grandes processos de reorganização. O golpe final veio com as notícias do proprietário do imóvel onde estávamos instalados — ele havia vendido o prédio e teríamos que nos mudar!

A esta altura, eu sentia um enorme "terremoto destruidor da paz", oscilando dentro de mim. Justamente quando estava tentando simplificar a minha vida, ela se tornou mais complicada. Ajoelhei-me, perguntando: "Deus, se o Senhor quer que eu procure a paz pessoal, por que tudo isto está acontecendo? O Senhor nem está me dando uma oportunidade!"

Na verdade, o que Deus estava me dando era exatamente uma oportunidade para ter paz. Estes transtornos estavam me forçando a reorganizar as prioridades mal colocadas, algumas das quais eu não teria visto de nenhuma outra maneira. Perguntar tudo para mim estava ficando mais difícil e as dependências de situações em minha pessoa eram pouco saudáveis e estavam sendo quebradas. Sem querer, já não estava mais à disposição por causa das dificuldades que enfrentava. Aproximei-me mais do meu Senhor do que antes. Como Ele é a suprema fonte de paz, comecei a experimentar a "...paz de Deus, que excede todo o entendimento..." (Filipenses 4:7).

Deus permitiu que eu fosse atingido por uma avalanche de estresse. O Senhor me ajudava e orientava a reorganizar a minha vida em torno de expectativas mais saudáveis. E as provações não roubaram a minha paz — apenas a confirmaram. Deus estava falando por meio deste redemoinho: "Esta minha paz é mais forte do que você pensa!"

O estresse filtrado pelo Pai

Existe outro estresse que não é enviado por Deus, mas que Ele permite que aconteça. Jó é um exemplo dramático disto. A Bíblia diz que todas as suas perdas e sofrimento foram ideias de Satanás, calculadas para afastá-lo da sua fé no Senhor. Mas mesmo o diabo não pode causar pressão e dor sem a permissão de Deus!

Dos bastidores desta batalha espiritual que Jó enfrentou surge uma singularidade. Satanás não podia tocar em Jó até que Deus permitisse. Satanás aproximou-se de Deus, pedindo para ir além da "...sebe, a ele, a sua casa e a tudo quanto tem..." (Jó 1:10). O Senhor deu um sim condicional, quando respondeu: "...Eis que tudo quanto ele tem está em teu poder; somente contra ele não estendas a tua mão..." (v.12).

A segurança de Jó, em meio ao seu holocausto pessoal, foi a fé que declarou: "...temos recebido o bem de Deus, e não receberíamos também o mal?" (2:10). "...o Senhor o deu, e o Senhor o tomou; bendito seja o nome do Senhor!" (1:21). A sua análise, na melhor das hipóteses, estava apenas parcialmente correta. Na verdade, o diabo tinha "tirado" o bem e enviado o "mal". Mas este homem confiou num Pai que sabe o que é o melhor para os Seus filhos e que Ele tinha que permitir estas provações ao longo do caminho.

As dificuldades de Jó fazem as nossas parecerem ser pequenas alfinetadas. Mesmo assim, me perguntei durante as nossas recentes avalanches: "Deus está procurando nos edificar ou Satanás está tentando nos enterrar?" Como isto não é possível de responder, decidi

SOFRIMENTO

fazer uma pergunta melhor: "De que maneira Deus pode usar esta situação?" Se esta pressão não pudesse me moldar, o Treinador não a permitiria. Os nossos problemas parecem ser bem menos difíceis quando compreendemos que são filtrados pelo Pai celestial. Esta filtragem é garantida nas Suas promessas, tais como: "...Deus é fiel e não permitirá que sejais tentados além das vossas forças..." (1 Coríntios 10:13).

> **Os nossos problemas parecem ser bem menos difíceis quando compreendemos que são filtrados pelo Pai celestial.**

Em outras palavras, nada pode entrar na vida dos filhos de Deus sem a Sua assinatura. A Sua aprovação está baseada naquilo que podemos suportar. Deus permitirá que eu seja pressionado até o ponto da edificação, mas não ao ponto de um colapso. É semelhante ao levantamento de pesos. Muito peso irá nos derrubar, mas pesos maiores dos que já levantamos anteriormente são necessários para nos tornar mais fortes. Somente o Senhor conhece a diferença e Ele filtra cada carga adicional.

Em todos os lugares para onde o apóstolo Paulo viajou, foi atormentado pelo seu espinho na carne (2 Coríntios 12:7). Ele identificou a sua origem como "...mensageiro de Satanás...". Apesar da origem satânica do seu problema, ele procurou ver a lição — a razão pela qual o seu Pai o permitiu. Paulo concluiu que este espinho foi enviado "...para que não me ensoberbecesse [...] para que sobre mim repouse o poder de Cristo" (2 Coríntios 12:7,9).

Esse mesmo pregador estressado, olhou para o Senhor em sua dificuldade e sentiu o Seu conforto e segurança quando Ele disse: "A minha graça te basta, porque o poder se aperfeiçoa na fraqueza" (v.9).

Sobrevivendo às tempestades do estresse

Em meio a toda a agitação das Olimpíadas de Verão de 1984, em Los Angeles, uma perda trágica passou despercebida. Boomer não estava presente. Nas extravagantes cerimônias de abertura, uma águia, chamada Boomer, estava programada para entrar voando no Coliseu, ao som do hino: *America The Beautiful* (A Bela América). Infelizmente, a ave não foi capaz de comparecer para a sua apresentação. Três dias antes da abertura das Olimpíadas, ela morreu — dizem que por estresse. Acho que até uma águia consegue saber quando as coisas estão fora do controle. A pressão das pessoas foi demais para o velho pássaro. A águia sabia como sobreviver aos perigos da selva, mas não ao estresse da civilização.

Podemos nos condoer pela pobre ave. Todos nós temos estes momentos esmagadores quando achamos que estamos morrendo de estresse. Pesquisas médicas recentes nos dizem que muitas pessoas morrem, literalmente, devido ao estresse. Para o restante de nós, que sentimos o castigo de amortecimento emocional, as habilidades de sobrevivência tornam-se cruciais.

O estabelecimento de descanso e hábitos mais brandos nos traz fontes preciosas de paz interior. Quando atacamos as raízes do estresse que carregamos em nós e do estresse crônico que nos cerca, damos espaço ao estresse do dia a dia que sempre estará presente. Mas até mesmo tendo este plano de paz, há uma questão inacabada que é muito importante. Como lidamos com o restante das pressões — as circunstâncias que estão além do nosso controle?

Encontramos respostas importantes no relato da tempestade mais violenta que se experimentou, no Novo Testamento. O livro de Atos 27 descreve a fúria que ameaçou o navio que levava Paulo a um julgamento, em Roma. Eles perderam todo o controle das suas circunstâncias — todavia sobreviveram. E em meio a esta história sacudida pela tempestade, encontramos as quatro habilidades que necessitamos para sobreviver às inevitáveis tempestades do estresse.

1. Livre-se da carga que não necessita.

Lucas, o autor do livro de Atos, explica a primeira habilidade de sobrevivência, desta maneira:

> *Açoitados severamente pela tormenta, no dia seguinte, já aliviavam o navio [...] com as próprias mãos...* (Atos 27:18,19).

Se alguém tivesse sugerido ao capitão do navio antes de partirem que a carga, o equipamento do navio, e talvez até a sua cadeira favorita seriam lançados ao mar, provavelmente teria se chocado com a resposta dele. Entretanto, quando a tempestade surgiu, eles decidiram jogar fora alguns itens que antes eram indispensáveis.

Se quisermos lidar com nossas próprias 'ventanias' pessoais, teremos que nos livrar das cargas desnecessárias. É bem verdade que às vezes apenas uma tempestade pode fazer-nos pelo menos considerar esse desvencilhamento.

Algumas destas "cargas extras" podem ser coisas más que acumulamos como refugo: um relacionamento comprometedor, as dívidas contínuas, uma obsessão crescente pelo dinheiro, um hábito pecaminoso e emaranhado, uma atitude crítica — coisas das quais dependemos, até que a tempestade nos mostre como elas estão nos levando ao naufrágio.

Também existe uma carga boa da qual talvez seja necessário desembaraçar-se. Tendemos a acumular envolvimentos que, vistos separadamente, cada qual é neutro — até mesmo útil. Mas juntos, são grandes demais.

A tempestade é a nossa oportunidade de mudança. Quando o mau tempo alivia, podemos retornar ao mesmo estilo de vida, tão sobrecarregado ou com cargas erradas. Isso, por sua vez, poderia preparar o cenário para um temporal ainda maior. Se você quiser sobreviver ao seu "furacão" pessoal, avalie a carga extra e livre-se dela antes que ela o faça afundar — de uma maneira ou outra.

2. Ocupe-se com as coisas que realmente importam

Lucas, no livro de Atos relata que o "furacão de Paulo" durou duas semanas! Então o anjo apareceu a Paulo no meio da noite. Este visitante apresentou outra habilidade de sobrevivência numa tempestade. O apóstolo anunciou esta mensagem à tripulação:

> ...porque nenhuma vida se perderá de entre vós, mas somente o navio. Porque, esta mesma noite, um anjo de Deus, de quem eu sou e a quem sirvo, esteve comigo, dizendo: [...] eis que Deus, por sua graça, te deu todos quantos navegam contigo
> (ATOS 27:22-24).

Na essência, o anjo simplesmente lembrou a Paulo: "O navio não importa. Somente as pessoas." Para sobreviver numa tempestade, você deve se ocupar com o que realmente importa — e geralmente são pessoas! Com todas as pressões por conquistas e realizações, as pessoas que amamos podem facilmente ser empurradas para longe de nossas vidas.

A negligência não é intencional — as ervas daninhas crescem em nosso jardim não porque as plantamos, mas porque delas nos esquecemos. Quantas vezes um homem deixa a esposa ou um filho na poeira que se forma em seu rastro, enquanto ele corre em direção aos objetivos da sua carreira. Quantas mulheres desaparecem pouco a pouco dos momentos mais preciosos dos seus queridos, ao perderem-se no trabalho, num círculo social, numa responsabilidade religiosa. Os colegas ou empregados podem tornar-se funções em vez de pessoas com necessidades.

SOFRIMENTO

Sem que percebamos, permitimos que aqueles que estão perto de nós tornem-se fornecedores de informações, de transporte, de abraços, de dinheiro ou de serviço. Geralmente, é necessário uma tempestade para restaurar os nossos valores.

Na busca pela paz, o "navio" — o projeto, a agenda, os prazos, a organização, o orçamento — pode se perder nas rochas. Isso é dispendioso, mas está certo. O que não podemos perder são as nossas pessoas. Se o temporal o lançar de volta a elas, você terá preservado o que realmente importa. Sempre poderá encontrar outro navio.

3. Busque a Deus desesperadamente

A nossa fé tende a se tornar fria, calma e sem distúrbios — até que uma crise nos abale. Só então caímos de joelhos e Deus se torna algo mais do que alguém que nos "ajuda": Ele é a nossa única esperança.

Aparentemente, Lucas falou de si mesmo e também de Paulo, quando disse: "...dissipou-se, afinal, toda a esperança de salvamento" (Atos 27:20). Provavelmente essa tenha sido a razão de o anjo ter cumprimentado Paulo dizendo: "Paulo, não temas!" (v.24).

Estou contente por esse vislumbre da humanidade do apóstolo. Na minha mente, ele está num pedestal tão alto que eu esperaria vê-lo corajosamente de pé na proa do navio. Mas em vez disso, Paulo parece estar tão apavorado e desesperado como todos os outros. Em seu desespero, encontrou-se com "...o anjo de Deus, de quem eu sou, e a quem sirvo..." (v.23).

Paulo nos apresenta uma terceira habilidade de sobrevivência numa tempestade — buscar a Deus desesperadamente. Quando a nossa base falha, é fácil desesperar-se. Os marinheiros no navio de Paulo sentiram que estavam indo em direção às rochas. Assim...

Procurando os marinheiros fugir do navio, e, tendo arriado o bote no mar [...] disse Paulo [...]: Se estes não permanecerem a bordo, vós não podereis salvar-vos. Então, os soldados cortaram os cabos do bote e o deixaram afastar-se (vv.30-32).

Muitas vezes, o nosso pânico nos faz procurar um barco em vez de buscar ao Senhor. Os meus barcos salva-vidas geralmente produzem uma confusão maior. Empreguei as pessoas erradas, gastei dinheiro de forma errada, encerrei alguns programas cedo demais, exigi demais das pessoas que eu tanto amava. Uma tempestade pode nos fazer entrar em pânico ou nos fazer orar.

Quando desaparecem os nossos pontos de referência, como eram as estrelas para os marinheiros, aprendemos o que realmente significa orar. Despojados de qualquer possibilidade de nos salvarmos a nós mesmos, lançamo-nos diante do Senhor. As nossas orações não são controladas, previsíveis, feitas a uma terceira pessoa; finalmente, abrimos mão de nossa religiosidade e permitimos que Deus nos preencha com algo sobrenatural.

Em certas ocasiões da sua vida com Deus, Ele vai retirar de você todos os outros recursos, deixando-o somente com Ele. E você descobrirá que, segundo as palavras de um homem sábio da antiguidade: "Você nunca saberá que Jesus é tudo o que necessita até descobrir que Jesus é tudo o que você tem."

E então há paz, não importa quanto tempo durar a tempestade. Como o rei Davi, você pode proclamar:

Nos muitos cuidados que dentro de mim se multiplicam, as tuas consolações me alegram a alma (SALMO 94:19).

4. Volte a ter uma rotina saudável

Quando o barco segue em direção às rochas, o almoço pode esperar. Porém, quando o navio de Paulo estava a ponto de naufragar, ele exortou a tripulação a comer. E disse: "...Hoje, é o décimo quarto

SOFRIMENTO

dia em que, esperando, estais sem comer, nada tendo provado [...]. Eu vos rogo que comais alguma coisa porque disto depende a vossa segurança; pois nenhum de vós perderá nem mesmo um fio de cabelo" (Atos 27:33,34).

Paulo recomendou aqui uma quarta habilidade de sobrevivência numa tempestade — voltar a ter uma rotina sadia. Quando distúrbios fortes se abatem contra o nosso navio, geralmente a primeira coisa que lançamos ao mar é a nossa rotina diária. Na realidade, quanto maior a pressão, mais importante é vigiar as nossas fontes de forças.

Quando começamos a perder o sono, as refeições e as folgas, começamos a afundar. Evitamos os lugares silenciosos quando estamos abalados. Mais do que nunca, devemos lutar por aquele tempo de qualidade com o nosso Senhor, nossos queridos e com os nossos filhos. Essa rotina saudável é o que nos mantêm fortes, em dias de sol e tempestade.

Lançados ao lugar que pertencemos. Há uma frase de um hino antigo que interpreta de uma maneira bonita as tempestades que enfrentamos:

Nuvens surgem e tempestades sopram. Por ordens do Seu trono.

Quando Deus ordena que haja uma tempestade em minha vida, é porque é necessária uma mudança. Normalmente, a questão em si não é a tempestade — não do ponto de vista de Deus. É um desequilíbrio que se desenvolveu nas minhas prioridades, uma deslocação tão sutil que nem consigo vê-la até que a turbulência chama a minha atenção.

É nas tempestades que, literalmente, encontro o equilíbrio. Estou aprendendo a não lançar fora essa nova e maravilhosa paz quando o meu navio rodopia, fora de controle. Em vez disso, é o momento de desfazer-me da carga que não necessito, ocupar-me com as coisas que realmente importam, buscar desesperadamente a Deus e voltar a ter uma rotina saudável. Deus providenciou essa estratégia positiva para resistir às tempestades do estresse diário.

O relato do furacão de Paulo termina com um pós-escrito emocionante. Lucas registra que a tempestade finalmente os trouxe à terra firme, na ilha de Malta. O mapa revela o que realmente estava acontecendo em meio àquela crise furiosa, no mar. Malta se situa logo na costa sul da Itália e era o destino original do navio! Todo o tempo, eles pensaram que estavam fora de controle, mas estavam no curso certo!

Séculos antes, o profeta Naum disse tudo numa simples sentença: "...o Senhor tem o seu caminho na tormenta e na tempestade..." (Naum 1:3).

Os nossos planos podem ser interrompidos por tempestades, mas os planos de Deus jamais o são. Na verdade, a tempestade faz parte do Seu plano. Se não abandonarmos o navio, os ventos de Deus nos lançarão justamente no lugar, ao qual pertencemos — não importa o quão desorientados nos sintamos.

Enfrentar o estresse não é o suficiente

O estresse de uma jovem chamada Nancy atingiu seu nível máximo. Esmagada entre as exigências de ser mãe solteira, com um filho rebelde e a gerência de um escritório, ela simplesmente não aguentava mais. Quando ouviu que eu estava escrevendo sobre paz e estresse, ela disse: "Oh, eu estou lendo algo no momento a respeito de como lidar com o estresse. Espero que eu descubra em tempo!"

A maioria de nós, que vivemos sob pressão, como Nancy, consideraria um sucesso se conseguíssemos simplesmente lidar com o estresse. Mas depois de anos de tentativa, decidi que apenas lidar com ele não é o suficiente.

SOFRIMENTO

Segundo o dicionário o termo "lidar com" significa "sofrer, suportar; lutar com afã, trabalhar, batalhar" (*Houaiss*, 2009). Isto assemelha-se ao nadar só para manter a cabeça fora da água sem jamais chegar à costa! Como a minha vida, estressada, não me afogou, acho que estava suportando bem o estresse. Mas simplesmente manter as nossas cabeças fora da água, nos torna vulneráveis a qualquer grande onda que aparecer.

> **Mas simplesmente manter as nossas cabeças fora da água, nos torna vulneráveis a qualquer grande onda que aparecer.**

Quando me comprometi a ir em busca da paz, queria aprender a vencer o estresse, não simplesmente a lidar com ele. O estresse estava fazendo o meu lado obscuro vir à tona, subvertendo a nossa vida familiar, embaralhando as prioridades saudáveis. Eu ansiava por uma paz que quebrasse os seus grilhões.

Encontrei-a numa promessa da Bíblia que tem sido testada pelos cristãos por dois milênios. O apóstolo Paulo tinha as credenciais para escrever as palavras; as turbulências e transtornos tinham sido sua maneira de vida. Pouco antes da promessa, ele enumerou todos os grandes distúrbios na experiência humana: tribulação, angústia, perseguição, fome, nudez, perigo, espada, morte (Romanos 8:35,36).

Então, tendo em mente esta lista de tempestades da vida, exclamou:

Em todas estas coisas, porém, somos mais que vencedores, por meio daquele que nos amou (Romanos 8:37).

Se podemos ser "mais que vencedores" no estresse da vida, por que deveríamos nos contentar com apenas sabe lidar com ele?

A diferença entre lidar e vencer parece estar nestas três palavras — "por meio daquele". Sem elas, esta é apenas outra forma inspiradora de dizer: "Pense de maneira positiva." A verdadeira paz pessoal não é o resultado do pensamento positivo.

Em última análise, a paz é uma Pessoa

Os profetas judeus da antiguidade chamavam-no de "Príncipe da Paz". Quando Jesus veio, os anjos, no Natal, prometeram que Ele seria o Salvador que traria a paz. Quando Ele deixou este mundo, prometeu: "Deixo-vos a paz, a minha paz vos dou..." (João 14:27).

O Seu servo Paulo resumiu assim quando nos lembrou que: "...vindo, evangelizou paz a vós outros que estáveis longe e paz também aos que estavam perto" (Efésios 2:17).

Então, em seis palavras, ele descreveu a prescrição para a paz: "Porque ele é a nossa paz" (2:14).

Eu era um dos que Paulo descreveu: "...aos que estavam perto". Há anos, eu havia reconhecido que a batalha em meu coração era na verdade uma luta com Deus. Eu compreendi que não podia ter a paz de Cristo até que Ele fosse o meu Príncipe. Abrindo as mãos que haviam segurado tão firmemente o volante da minha vida, permiti que Jesus a guiasse.

Como fomos feitos para vivermos para o Deus que nos criou, todo o resto está fora de lugar, até que nos encontremos com Ele. E Ele só pode ser encontrado na cruz, onde o Seu Filho pagou a conta pela nossa batalha contra Deus. Se já o rejeitamos ou simplesmente o negligenciamos, o resultado é o mesmo — uma vida que Ele fez e pela qual pagou, vivida sem Ele. Quando nós o convidamos, Ele entra em nossa vida — trazendo a Sua paz. Desde que me apresentei pessoalmente à cruz de Jesus, conheci a Pessoa que é a paz. Durante as temporadas mais turbulentas de estresse, não afundei, como Paulo disse: "...por meio daquele que nos amou" (Romanos 8:37). A Sua pressão interior é sempre maior do que a pressão externa.

Durante muito tempo, fui algo menos do que "vencedor". O meu estilo de vida complicado permitiu que muitas outras mãos segurassem o volante da minha vida. Não estava sofrendo acidentes, mas estava mudando de direção. Então, se abriu a cela da prisão e o meu Libertador disse: "...procura a paz e empenha-te por alcançá-la" (Salmo 34:14).

Persigo-a, desde então. A paz que eu ansiava existe em mim, desde que Cristo entrou em meu coração. Mas eu era como aquele homem que tinha uma conta bancária inesgotável, mas que não emitia cheques provenientes dessa conta. A pobreza, a pressão da minha vida, esperava que a paz viesse, em vez de ir buscá-la.

A paz interior é a condição natural do coração, no qual vive Jesus. Eu apenas preciso somente parar de bloquear e sabotar as linhas de suprimento.

A paz interior é a condição natural do coração, no qual vive Jesus.

De certa forma, a minha busca por paz termina onde começou. Anos atrás, eu vim a Cristo, em busca de paz. Anos mais tarde, estou aprendendo a desfrutar dessa paz, descobrindo o meu Senhor muito mais do que já descobrira anteriormente. A busca por paz é, em última instância, a busca por uma Pessoa.

As ventanias do estresse têm me lançado ao Príncipe da Paz. E assim como Paulo foi levado ao destino de Deus naquela tempestade, talvez Ele esteja usando as tempestades da sua vida para aproximá-lo dele.

Por que Deus o permite?

Se a carga que você está levando lhe parece pesada demais é porque nunca deveria carregá-la sozinho. Lidar com ela pode ser uma luta de vai e vem, mas vencê-la está totalmente fora do seu alcance. O estresse está corroendo até mesmo a sua habilidade de enfrentá-la.

Esse momento de aflição extrema é a oportunidade que o Senhor criou. Por mais estranho que possa parecer, você pode estar mais perto da paz do que jamais esteve; e o estresse da sua vida o trouxe até este local. Estamos cansados de lutar — e Jesus sussurra calmamente: "Vinde a mim, todos os que estais cansados e sobrecarregados, e eu vos aliviarei" (Mateus 11:28).

Fortes e orgulhosos, não sentimos a necessidade, mesmo que seja urgentemente necessária. Mas espancados e feridos por anos de batalha, sabemos que precisamos de ajuda — de descanso. É então que a nossa mão busca pela Sua. A paz é uma Pessoa — e a paz enraizada nele pode resistir com triunfo a qualquer teste.

A autora e conferencista Corrie ten Boom, testemunhou isso do maior inferno que o homem poderia criar — os campos de concentração nazistas, da Segunda Guerra Mundial. Ela e a sua querida irmã Betsie pagaram o preço por terem escondido judeus no sótão da sua casa, na Holanda. Em meio á torturas, humilhação e dor, elas se voltaram para o Cristo que habitava nelas — e provaram a Sua paz. O testemunho delas foi confirmado pelas credenciais de um sofrimento que poucos de nós já conheceram.

Betsie morreu nesse campo de concentração; Corrie foi libertada como resultado de um erro administrativo. Ao morrer, Betsie disse a Corrie que ela carregaria uma mensagem a todo o mundo, por cerca de 40 anos. A irmã lhe disse: "Diga-lhes que não existe nenhum poço profundo demais comparado ao amor de Deus."

Corrie e sua irmã experimentaram o que significa ser "...mais que vencedores, por meio daquele que nos amou" (Romanos 8:37). A paz que Cristo traz é tão forte assim.

SOFRIMENTO

Se o meu estresse me faz ansiar por Sua paz, então ele me trouxe para casa. A tormenta nos lançou para o Porto pelo qual procurávamos por toda a nossa vida.

SOFRIMENTO
Como posso ter certeza de que Deus existe?

por Mart DeHaan

Como posso ter certeza de que Deus existe?

É possível provar a existência de Deus? Ou essa é, em última análise, uma questão de fé pessoal? E se eu verdadeiramente creio nele, quais evidências posso dar a alguém que afirma não crer nele? Veja como a Bíblia aborda a questão básica e crucial da existência de Deus.

Bom demais para ser verdade?

Qual a mensagem que uma noite de céu límpido lhe traz? Alguma coisa? Nada? O que ela significa para um talentoso atleta de 19 anos deitado numa poça de sangue — esfaqueado por estar no lugar errado no momento errado? E à esposa aflita e desiludida tentando dissipar sua raiva e sentimento de rejeição sob um silencioso céu do início de manhã? E ao operário de 45 anos que acaba de ser demitido pela terceira vez em três anos? E ao astrônomo dividido entre o rígido empirismo e um coração que lhe diz para crer naquilo que ele não consegue ver?

Deus existe, por detrás da cortina do espaço, do átomo, das pétalas e da fragrância de uma flor tropical? Deus existe, a despeito dos avanços da ciência e dos fracassos da política? Ele existe e pode ser visto nas lágrimas daqueles que são abusados, explorados, não amados e solitários?

Estas são perguntas humanas básicas, que surgem de tantas formas quanto os tipos de pessoas que esta Terra abriga. Elas perguntam:
- Se Deus existe, por que não nos demonstra a Sua presença, de alguma maneira tangível?
- Numa era de sofisticação científica e exploração, como podemos acreditar em algo que não conseguimos ver?

- Quando observo todo o sofrimento das pessoas ao redor do mundo, como posso crer que um Deus ficaria de braços cruzados enquanto elas rastejam sob condições de vida inadequadas até para cães?
- Por que um Deus bom deixaria meu amigo — alguém que amava as pessoas e a vida — morrer tão jovem?
- Se Deus está no controle, por que temos tantas catástrofes naturais como terremotos, enchentes, tornados e furacões?
- Nunca senti a presença de Deus. Tudo que consegui foi por meu próprio esforço. Não preciso de uma muleta chamada Deus.

Tais comentários e perguntas refletem uma parte da tensão que existe entre a beleza do céu estrelado acima de nós e a Terra a qual é, com muita frequência, uma prisão repleta de horrores.

É compreensível o surgimento de dúvidas a respeito de um Deus invisível que se recusa a aparecer no noticiário da noite para responder aos Seus críticos e solucionar a questão da Sua existência.

Por estes e outros motivos, os questionadores honestos necessitam de evidências sólidas e críveis para considerar seriamente a probabilidade da existência de Deus. Eles precisam ver que os que creem em Deus o fazem alicerçados em razões sólidas e bom julgamento. Precisam ter uma clara compreensão da abordagem bíblica sobre Deus e precisam compreender que a Sua existência não é boa demais para ser verdade.

A abordagem bíblica

Quando o autor do primeiro livro da Bíblia registrou as palavras "No princípio, [...] Deus...", não estava pedindo que os seus leitores pressupusessem a existência de Deus. Eles sabiam, por experiência, de quem ele falava. Como o próprio autor, o povo de Israel viu evidências de um Ser milagroso que interveio em suas vidas. As palavras de Moisés a respeito de Deus devem ter lembrado as pessoas de que alguém lhes havia fornecido maná durante sua peregrinação pelo deserto. E a menção de Deus as teria feito pensar na água que saiu de uma rocha quando estavam sedentas, na coluna de fogo que as guiou quando necessitaram de direção, e no caminho através do mar Vermelho quando estavam encurraladas pelos egípcios. Sim, Moisés escreveu a história da criação para uma plateia que já vira o Criador em ação.

Mas, e quanto aqueles que não tiveram esse tipo de contato mais próximo? Na Bíblia, Deus nos deixou uma quantidade esmagadora de evidências sobre a Sua existência. O Antigo e o Novo Testamento descrevem numerosas linhas convergentes de evidências que apontam claramente à existência de um Deus invisível que permanece conosco devido à Sua natureza eterna.

Essas linhas de evidência incluem o que os teólogos classificaram como *revelação geral* e *revelação especial*. À luz disso, vamos definir nossos termos. Quando falamos de revelação, estamos falando sobre Deus, que, por Seu Espírito, se revela a nós. De acordo com a Bíblia, Deus tomou a iniciativa de revelar-se a nós — de tornar Sua existência conhecida. A *revelação geral* se refere à evidência geral ou universal da existência de Deus por intermédio (1) da criação e (2) da consciência humana. A *revelação especial* se refere à evidência especial ou sobrenatural da existência de Deus por meio de (3) atos especiais de comunicação e, definitivamente, da (4) pessoa de Cristo — o Deus homem.

A abordagem bíblica de revelação geral e especial nos fornece evidências positivas suficientes da existência de Deus para capacitar-nos a depositar nossa fé em sua validade. Ao fazermos isso, começamos a ver que, sem conhecimento da existência e presença do Senhor, não teríamos qualquer explicação razoável para a vida como a conhecemos. A revelação de Deus a nós por meio do Seu Espírito nos fornece uma lógica para muitos mistérios da vida. Resolve as questões da existência de matéria no Universo, da presença de vida neste planeta, da natureza distinta da humanidade em oposição aos animais, e da alegria que obtemos da percepção de nós mesmos.

Creio em Deus pelo mesmo motivo que creio no nascer do sol. Não apenas o vejo no mundo ao meu redor, mas, por causa dele, enxergo todas as coisas.

Há quatro pilares que sustentam a abordagem bíblica para nos certificar da existência de Deus.

Quatro revelações de Deus

A Bíblia não exige que aceitemos cegamente a existência de Deus. Em vez disso, ela nos demonstra como Deus, pelo Seu Espírito, se revelou a nós — no passado e no presente.

Ao examinar as quatro linhas bíblicas de evidências, examine-as com seu conhecimento da natureza, do coração humano, da Bíblia e de Jesus Cristo. Veja se consegue concordar que o registro bíblico é completo ao lhe revelar Deus.

Deus revelado por meio da criação

Ninguém pode negar que o nosso complexo Universo é uma espantosa e majestosa maravilha. A mera contemplação de sua vastidão e grandiosidade faz a nossa cabeça girar. No entanto, como ele apareceu? Será possível, como tantos cientistas defendem, que tudo isso aconteceu devido a uma enorme explosão? Ou apareceu como o resultado do projeto cuidadoso de um Deus infinito?

Analisemos brevemente duas passagens bíblicas que falam sobre a revelação de Deus por meio da natureza. Primeiro, vamos até o livro de Jó, no Antigo Testamento. Como vocês lembram, Jó foi severamente testado pelo diabo. Assim como as pessoas hoje em dia, ele teve grande dificuldade para encontrar uma resposta aceitável para a pergunta: Como um Deus bondoso poderia permitir injustiças como a dor e o sofrimento? Ali estava um homem que fora identificado como alguém que amava verdadeiramente a Deus, contudo suas riquezas e seus filhos tinham sido tomados e ele era afligido por tumores malignos.

Após um longo período em busca de respostas às suas perguntas sobre Deus, Jó finalmente ouviu diretamente do Senhor. Falando a este homem do meio de um redemoinho, Deus lhe disse que, para vê-lo, ele deveria olhar para além das suas dificuldades imediatas e observar a natureza e o mundo à sua volta (Jó 38). Observemos algumas menções à natureza nesta passagem e a que conclusão elas nos fazem chegar.

- A maravilha da formação do mundo (vv.4-6).
- A maravilha dos céus (v.7).
- A maravilha do equilíbrio entre o oceano e a terra (vv.10,11).
- A maravilha de um novo alvorecer (v.12).
- A maravilha das profundezas do oceano (v.16).
- A maravilha do ciclo de vida e morte (v.17).
- A maravilha da origem da luz (v.19)
- A maravilha das descargas elétricas (v.24).
- A maravilha do vento oriental (v.24).
- A maravilha de uma tempestade com relâmpagos (v.25).
- A maravilha do ciclo da água e dos trovões (vv.25-30).

- A maravilha dos animais alimentando suas crias (vv.39-41).

Em essência, Deus estava dizendo: "Em sua angústia, você está perguntando onde estou enquanto você sofre. Olhe novamente o mundo à sua volta e você me verá e será lembrado de minha sabedoria e meu poder." Bruce Demarest, autor de *General Revelation* (Revelação Geral), escreveu: "Por meio da magnífica criação, Jó percebeu a realidade de Deus. Maravilhado, humilhado e cheio de reverência na contemplação do Senhor em Suas obras, Jó abriu sua boca e disse: 'Eu te conhecia só de ouvir, mas agora os meus olhos te veem. Por isso, me abomino e me arrependo no pó e na cinza'" (Jó 42:5,6).

> **"Se um relógio prova a existência de um relojoeiro, mas o Universo não prova a existência de um grande Arquiteto, consinto em ser chamado louco." —VOLTAIRE**

Muitos salmos também testificam que a natureza nos dá evidências da existência de Deus. O livro de Salmos, por exemplo, diz que a voz eloquente de Deus pode ser ouvida por toda a criação. O salmista escreveu:

Os céus proclamam a glória de Deus, e o firmamento anuncia as obras das suas mãos. Um dia discursa a outro dia, e uma noite revela conhecimento a outra noite. Não há linguagem, nem há palavras, e deles não se ouve nenhum som; no entanto, por toda a terra se faz ouvir a sua voz, e as suas palavras, até aos confins do mundo. Aí, pôs uma tenda para o sol... (19:1-4).

Dia e noite, disse o salmista, a glória de Deus se faz conhecida por intermédio "dos céus" e "do firmamento". E sua mensagem está disponível a todos os que quiserem escutar, pois sua voz emana por toda a Terra e será ouvida "até aos confins do mundo".

Para proporcionar um caso de estudo que dê suporte à controvérsia do salmista, poderíamos seguir muitas direções diferentes. Poderíamos abordar a lógica improbabilidade de que a vida começou sem um estímulo externo, independentemente de quanto tempo os cientistas postulem para tal ocorrência. Poderíamos falar do intricado padrão do movimento dos corpos no Universo — incluindo a espantosa precisão do sincronismo de suas respectivas órbitas. Poderíamos falar sobre a precisa inclinação da Terra, sua exata distância do sol, e a sua precisa jornada em nosso sistema solar — todos pré-requisitos para o clima temperado de que desfrutamos.

Para sermos breves, examinemos somente uma parte minúscula e vital de nossa existência — o olho. Vejamos como sua complexidade implica no envolvimento de um projetista inteligente e desafia a ideia do desenvolvimento aleatório.

> **"As declarações de pessoas que não creem não têm peso maior do que a evidência circunstancial que sugere que o Universo seja o projeto inteligente de um Criador."**
> **—RUSSELL DELONG**

De acordo com a maioria das pessoas que não creem em Deus, nossa condição física atual foi alcançada com base na evolução. Dizem-nos que aquilo que começou como algo unicelular há algumas centenas de milhões de anos, finalmente acabou se transformando na humanidade. Mas, consideremos este pequeno órgão do corpo e vejamos se ele poderia ter seguido logicamente o caminho da evolução. Se não pudesse, poderíamos então razoavelmente deduzir que ele veio das mãos de um Grandioso Projetista?

Eis o ponto. Se você tivesse de tirar qualquer parte do olho — a retina, por exemplo —, o olho não funcionaria. Se tirasse apenas a lente. Nenhuma visão. A córnea? Cegueira. Para o olho funcionar, todas as partes devem estar presentes e funcionando. Isso, em si, é um forte argumento em favor do projeto.

Mas, sigamos por outra direção. Levemos esse conceito de volta à cadeia da evolução. Em algum lugar do caminho, uma criatura evoluindo em direção à humanidade precisaria começar tendo um olho. Mas, como isso começou? O olho não poderia ter evoluído, porque não havia nada que tivesse feito uma criatura começar a formar um olho cego. Uma vez que a teoria da evolução diz que as mudanças decorrem de adaptação, o que teria feito uma coisa sem olho desejar um olho inútil em sua cabeça? Como saberia que, um dia, iria precisar de um olho que enxergasse?

> **"O Universo é uma fonte de teologia.**
> **As Escrituras afirmam que Deus se revelou na natureza."**
> —A. H. STRONG

Um olho pode, ou não, enxergar. E não existe motivo para uma criatura desenvolver um olho parcial só para que, mais tarde, ele se torne um olho que vê. Então, como o olho teve início? Aleatoriamente ou por projeto? A assombrosa complexidade do olho e o inter-relacionamento de todas as partes necessárias atestam a existência de um Projetista e Criador que sabia o que estava fazendo. (*The Truth: God or Evolution?*, Marshall e Sandra Hall, A verdade: Deus ou evolução?).

A Bíblia afirma que Deus é a origem de tudo. O autor da carta aos Hebreus fez uma afirmação semelhante ao dizer:

Pela fé, entendemos que foi o universo formado pela palavra de Deus, de maneira que o visível veio a existir das coisas que não aparecem (11:3).

Essa é uma afirmação extraordinária. Ela diz que, por Sua palavra, Deus trouxe à existência os mundos do nosso Universo — usando, como matéria-prima, nada do que podemos ver.

Embora possa ser difícil de acreditar, faz enorme sentido quando comparado à alternativa. Se, de fato, os mundos não foram feitos por Deus a partir do nada, então a próxima melhor solução é que ninguém fez os planetas a partir do nada. Compare as duas ideias quanto à razoabilidade e tire a sua conclusão.

Deus revelado por meio da consciência

Por que os direitos humanos são tão importantes para as pessoas em todo o mundo? Como pode um grupo como a *Anistia Internacional* decidir qual é o tratamento adequado para as pessoas, independente de quem sejam ou onde vivam? Por que razão as pessoas ao redor do mundo possuem um código de padrão moral incrivelmente similar? Tal conhecimento inato de certo e errado poderia ser uma testemunha inata da existência de Deus? Se for, então devemos ser capazes de observar um crescimento universal dessa consciência de Deus.

Uma atividade humana que parece autenticar esse conceito de conhecimento universal de Deus é a preocupação da humanidade com a religião. Em todas as culturas e em todas as localidades, as pessoas adoram. Embora, frequentemente, não saibam o que estão adorando, existe uma boa razão para que ao menos tentem fazê-lo. Dentro de cada pessoa há a sensação de existir algum tipo de ser superior acima de si. O Dr. Robert Ratray, especialista em religiões tradicionais africanas, percebeu a natureza altamente especializada do conhecimento de Deus que vem às pessoas por meio de revelação íntima, não oriunda das Escrituras. Falando sobre o povo *Ashanti*, que vive na atual Republica de Gana, ele disse:

SOFRIMENTO

Estou convencido de que a concepção, na mente *Ashanti*, do Ser Supremo nada tem a ver com influência missionária, contato com cristãos ou até mesmo, acredito, com muçulmanos. De certa maneira, portanto, é verdade que o Ser Supremo, cuja concepção tem sido inata nas mentes dos membros deste povo, é o Javé dos israelitas. Vimos que a humanidade possui um testemunho interno da existência de Deus e de Sua natureza moral.

No livro de Atos 17, vemos um exemplo bíblico da tendência humana à adoração — algo que testifica da existência de Deus e ao mesmo tempo revela a tendência da humanidade de interpretar erroneamente o conhecimento adquirido. Ao chegar a Atenas, Paulo percebeu que a cidade estava cheia de ídolos. Sua narrativa inicia no versículo 22:

> *Então, Paulo, levantando-se no meio do Areópago, disse: Senhores atenienses! Em tudo vos vejo acentuadamente religiosos; porque, passando e observando os objetos de vosso culto, encontrei também um altar no qual está inscrito: Ao Deus Desconhecido. Pois esse que adorais sem conhecer é precisamente aquele que eu vos anuncio"* (vv.22,23).

Paulo, naquele momento, aproveitou a oportunidade para apresentar àqueles idólatras ao único Deus verdadeiro. O interessante a se perceber aqui é que os atenienses tinham tal conhecimento inato de Deus, e que junto a todos os seus ídolos pagãos, adoravam também um deus "desconhecido", só para terem a certeza de não lhes faltar nenhuma divindade. Eles não precisaram ser convencidos da existência de Deus; apenas tiveram de ser direcionados ao verdadeiro Senhor.

Em sua carta aos Romanos, Paulo abordou a questão do conhecimento básico inato nos corações de todas as pessoas. Ao falar sobre os gentios, disse que eles tinham "...a lei gravada no seu coração, testemunhando-lhes também a consciência..." (2:15). Paulo concluiu que todas as pessoas compreendem, até certo grau, o que é certo e errado porque Deus lhes deu este conhecimento. Até as pessoas às quais os preceitos do Antigo Testamento, especificamente os Dez Mandamentos nunca foram ensinados, têm um conhecimento inerente dessas ideias básicas. Esse, segundo Paulo, é um conhecimento dado por Deus. A presença universal de uma consciência de comportamento adequado é, então, uma evidência da existência de Deus.

A carta de Romanos 1:18-32 oferece uma sólida evidência de que todas as pessoas possuem um conhecimento inato de Deus. Por exemplo, considere os seguintes versículos:

- "A ira de Deus se revela do céu contra toda impiedade e perversão dos homens que detêm a verdade pela injustiça" (v.18).
- "...o que de Deus se pode conhecer é manifesto entre eles, porque Deus lhes manifestou" (v.19).
- "...porquanto, tendo conhecimento de Deus, não o glorificaram como Deus..." (v.21).
- "...eles mudaram a verdade de Deus em mentira, adorando e servindo a criatura em lugar do Criador..." (v.25).
- "...por haverem desprezado o conhecimento de Deus..." (v.28).
- "...conhecendo eles a sentença de Deus...", continuaram a praticar o mal (v.32).

Todas as pessoas têm um conhecimento interior de Deus. Paulo disse que "...o que de Deus se pode conhecer é manifesto entre eles..." (v.19). Entretanto, embora todos os seres humanos tenham um testemunho inato de que Deus exista, alguns não admitirão isso — eles "...não deixam que os outros conheçam a verdade a respeito de Deus" (v.18 NTLH).

Reflita por um momento sobre a reação das pessoas ao redor do mundo quando elas leem a respeito de graves atos de terrorismo ou violações dos direitos humanos. Esses atos são repugnantes a todos, independentemente de suas crenças ou experiências de vida. Mas, por quê? Será que é o resultado de comportamento social aprendido ao subirmos a escada da evolução? Se assim for, então essa moralidade que todos nós possuímos é meramente uma característica animal avançada. Assim também serão as outras características distintas, como intelecto, compaixão e até o raciocínio científico. Contudo, onde estão essas características iniciais nos primatas? Por que somente um ser — o humano — possui essas coisas, embora a teoria evolucionista afirmaria existir alguns animais atuais como sendo de origem mais antiga? E o que teria feito o primeiro primata começar a desenvolver moral, compaixão e as outras características distintamente humanas?

Não pareceria muito mais razoável acreditar que uma espécie moral seja da forma que é porque tem um Criador moral — alguém que implantou em todas as pessoas essas características compartilhadas?

Deus revelado por meio da comunicação

Ainda que Deus tenha revelado Sua existência por meio do mundo natural da criação e de uma impressão em nosso ser mais íntimo, isso não é suficiente. Jamais saberíamos tudo que precisamos saber a Seu respeito se Ele não tivesse decidido contar-nos especificamente sobre si por outras maneiras. Podemos ver o resultado de uma revelação parcial observando os rituais e a idolatria de tribos primitivas. Estes povos perceberam, por meio da natureza e da consciência, que existe um ser superior a eles, mas não sabem quem essa pessoa verdadeiramente é. Portanto, eles tentam adorar a Deus sem conhecê-lo. Seus rituais de sacrifício indicam que eles têm a consciência de que há um ser que sentem que precisam, de alguma maneira, apaziguar. Seu interesse em espíritos malignos demonstra o seu conhecimento inato de bem e mal. O que esses povos precisam ver é que o simples conhecimento da existência da deidade não consegue satisfazer o coração humano. As pessoas precisam conhecer a Deus pessoalmente.

Por esta razão, é essencial analisarmos uma terceira maneira que Deus escolheu para nos tornar conscientes de Sua existência. Ao longo dos milhares de anos necessários ao desenvolvimento dos acontecimentos do Antigo e do Novo Testamento, e para os homens inspirados por Deus registrarem tudo, Deus se comunicou com a humanidade de diversas maneiras especiais.

É por meio desta revelação especial que descobrimos como Deus é e o que Ele espera de nós.

A Bíblia deixa claro que o rastro de evidências para a revelação especial remonta ao início. Por exemplo, Deus falou diretamente a Adão no Jardim do Éden. Ele se encontrava com Adão todo final de tarde para conversarem. Deus lhe falou sobre a única árvore que lhe era proibida. Portanto, quando Adão e Eva desobedeceram ao comando, Ele pronunciou audivelmente Seus julgamentos sobre eles.

Após o primeiro casal ser expulso do jardim, Deus continuou a comunicar-se com diversos homens. Caim ouviu Sua voz. E também Enoque, Noé, Abraão, Isaque e Jacó. Para esses homens da antiguidade, era óbvio que Deus existia. Eles tinham ouvido sobre Ele de maneira a tornar inegável a Sua existência.

SOFRIMENTO

A revelação especial de Deus à humanidade também tomou outra forma. Além de falar audível e diretamente àqueles mencionados anteriormente e a outros, Ele se comunicou de forma mais indireta, mas igualmente valiosa. Por intermédio da inspiração de Seu Espírito, Ele levou certos homens a escreverem uma série de documentos, que hoje denominamos Bíblia.

Para demonstração das afirmações da Bíblia, segundo as quais Deus falou diretamente por intermédio de seus autores humanos, podemos mencionar alguns versículos do Novo Testamento. Em sua segunda carta, Pedro disse:

...nunca jamais qualquer profecia foi dada por vontade humana; entretanto, homens santos falaram da parte de Deus, movidos pelo Espírito Santo (2 PEDRO 1:21).

Aqui está a reivindicação de que os autores do Antigo Testamento, que falaram sobre coisas como julgamento de Deus, eventos futuros, a vinda do Messias e os pactos de Deus com Israel, não estavam tirando isso de sua própria mente. Eles eram porta-vozes do Deus-Criador.

Outros versículos que falam de revelação especial estão na segunda carta de Timóteo 3:16,17, nos quais Paulo disse:

Toda a Escritura é inspirada por Deus e útil para o ensino, para a repreensão, para a correção, para a educação na justiça, a fim de que o homem de Deus seja perfeito e perfeitamente habilitado para toda boa obra (2 TIMÓTEO 3:16,17).

Novamente, afirma-se que Deus revelou-se a si mesmo, especificamente, por meio das palavras das Escrituras.

Estes versículos na carta de 2 Timóteo indicam que, lendo e obedecendo a Palavra de Deus, uma pessoa pode tornar-se tão familiarizada com a mente de Deus a ponto de ser o tipo de pessoa que Deus deseja que Seu povo seja.

Mas, podemos ver alguma evidência — além daquela que Bíblia apresenta a seu próprio respeito — de que este livro é diferente de todos os outros livros religiosos? Seu significado é suficiente para que possamos confiar nela como uma comunicação especial de Deus? A observação da singularidade da Bíblia sugere que ela não é uma seleção de rabiscos aleatórios feitos por pessoas comuns. Pelo contrário, é uma coleção de documentos cuidadosamente orquestrada, precisa e espantosamente preservada durante milhares de anos. Tem as marcas de algo milagrosamente concebido e salvaguardado.

É singular dentre a literatura por vários motivos:

- Uma única história é entrelaçada ao longo de todos os livros, embora os autores não tivessem meios de colaborar uns com os outros.
- Os livros do Antigo Testamento preveem, e os do Novo Testamento proclamam a vinda de um Rei Messias.
- Quando a Bíblia fala sobre assuntos científicos (mesmo aqueles sobre as quais os autores não poderiam ter qualquer evidência empírica), ela é precisa (Jó 26:7-12; Isaías 40:22; 1 Coríntios 15:39).
- Os fatos e nomes históricos contidos na Bíblia são continuamente confirmados por estudos históricos e descobertas arqueológicas.
- Os documentos a partir dos quais a Bíblia foi traduzida foram preservados de maneiras miraculosas, fornecendo-nos um registro preciso do que os autores bíblicos escreveram.
- Afirma-se que os escritos têm origem divina (Jeremias 1:2; Ezequiel 1:1-3; Sofonias 1:1).

Não é presunçoso, portanto, concluir que, por meios especiais de comunicação, Deus nos revelou mais do que apenas a Sua existência. Ele nos permitiu conhecer sobre a Sua natureza, Sua vontade e Seu amor pela humanidade. Por esta razão, a Bíblia é tão importante. Ela nos ensina como podemos encontrar a paz com o Deus-Criador e como podemos viver de maneira que o agrade.

Deus revelado por meio de Cristo

Ainda que soubéssemos a respeito de Deus por meio da natureza, percebêssemos que Ele existe porque o conhecemos pessoalmente e lêssemos sobre Ele na Bíblia, apenas esses fatores não nos dariam uma completa revelação de Deus. Para conhecer Deus de forma mais completa possível, precisamos ser capazes de vê-lo interagir com a humanidade. Precisamos ver que Ele é capaz de cumprir as previsões dos profetas do Antigo Testamento. Isso só pode acontecer quando vemos Deus como Ele se revelou em Cristo.

Embora pensemos frequentemente sobre isso desta maneira, a revelação de Deus por meio de Cristo não começou numa manjedoura em Belém. Na Bíblia, Jesus é identificado como o Criador de todas as coisas (João 1:1-3). Portanto, Ele é mais do que um importante bebê judeu deitado num estábulo em Judá. Jesus é aquele que originou todas as evidências de Deus que podem ser encontradas na criação, na consciência e na comunicação.

Também, enquanto vivia Seus 33 anos terrenos, Jesus revelou a personalidade e o caráter de Deus aos homens. Jesus disse que olhar para Ele era ver o Pai (João 14:9). Além disso, o apóstolo João declarou: "Ninguém jamais viu a Deus; o Deus unigênito, que está no seio do Pai, é quem o revelou" (João 1:18).

Uma passagem indicativa de que Deus se revelou especificamente à humanidade por meio de Cristo é encontrada no início na carta de Hebreus:

Havendo Deus, outrora, falado, muitas vezes e de muitas maneiras, aos pais, pelos profetas nestes últimos dias, nos falou pelo Filho... (1:1,2).

A quarta maneira pela qual Deus se revelou à humanidade é por intermédio da vinda de Cristo à Terra. Jesus é a prova em carne e osso de que existe um Deus. De fato, a vinda de Jesus ao mundo como um membro da humanidade foi a revelação definitiva de Deus, pois Jesus Cristo é Deus.

Na carta aos Romanos 9:5, Paulo disse: "...Cristo, segundo a carne, o qual é sobre todos, Deus bendito para todo o sempre...". Em sua primeira carta, João afirmou: "Também sabemos que o Filho de Deus é vindo e nos tem dado entendimento para reconhecermos o verdadeiro; e estamos no verdadeiro, em seu Filho, Jesus Cristo. Este é o verdadeiro Deus e a vida eterna" (1 João 5:20). E, na carta de Hebreus 1:8, o Pai diz ao Filho: "O teu trono, ó Deus, é para todo o sempre...".

Sim, Aquele que caminhava pelas estradas de terra da Galileia curando os enfermos, ressuscitando os mortos e ensinando a verdade do reino era Deus encarnado. Quando Ele falava, era Deus falando. Quando agia, era Deus em ação. A Bíblia se identifica como a Palavra escrita, e Cristo é chamado de a Palavra viva de Deus (João 1:1-14). Considere o que significa Cristo ser a revelação definitiva de Deus. Se você quiser conhecer a resposta de Deus àqueles com profundas necessidades físicas, veja como Jesus respondeu às multidões com compaixão. Se quiser conhecer a atitude de Deus sobre legalismo e autojustificação, veja como Cristo se relacionava com os fariseus. Se quiser conhecer os sentimentos de Deus sobre o penitente, veja como o Filho de Deus perdoava os verdadeiramente arrependidos. Se quiser conhecer o relacionamento de Deus com aqueles que creem nele, veja como Jesus liderava Seus discípulos com mansidão.

Portanto, se você quiser conhecer Deus, olhe para Jesus Cristo. Apenas por meio da vinda de Jesus em carne, um caminho foi aberto àqueles que vivem deste lado do Antigo Testamento para terem intimidade com Deus.

Atravessando a ponte

Cada um de nós tem uma escolha. Podemos olhar para as evidências sobre a existência de Deus e crer que Ele existe, ou podemos deixar a evidência de lado e decidir que Deus não existe. Seja como for, precisamos atravessar uma ponte de fé, porque nenhum desses argumentos pode ser verificado em laboratório. A pergunta-chave é: numa questão tão básica para o nosso bem-estar e numa pergunta que exige resposta, qual posição podemos escolher honestamente? Analisemos as opções que podem nos orientar ao atravessarmos a ponte.

Opção um: Deus existe

- O mundo natural reflete um projetista e construtor tanto quanto um relógio de pulso ou um dicionário o atestam.
- A consciência humana existe como uma voz interna que permite ao que crê em Deus seguir seu melhor julgamento e melhores instintos.

- As Escrituras do Antigo e Novo Testamento reivindicam falar em nome de Deus de maneira consistente com a evidência divina na criação e na consciência.
- Cristo é a suprema evidência de Deus, e o apóstolo João afirma que Ele é o Criador (João 1:3), a origem de nossa consciência (v.9) e o centro das Escrituras (5:39).

Opção dois: Deus não existe

- Nosso mundo complexo e ordenado surgiu sem qualquer impulso, causa ou origem pessoal. Tudo apenas aconteceu.
- As leis que governam o nosso Universo se desenvolveram sem orientação ou direção.
- Grandes saltos, quase mágicos, ocorreram ao longo da evolução, permitindo que não vegetais cruzassem o abismo para se tornarem vegetais, e não animais se tornassem animais. Sem orientação, esses seres desenvolveram encéfalos onde antes não havia encéfalos, e órgãos sensoriais onde nada parecido havia.
- A casualidade é responsável pela delicada e singular composição do nosso planeta, que possibilita a nossa existência neste oásis de vida no deserto de um Universo hostil.
- O homem não tem espírito. Sua existência termina na morte, como ocorre com os cães e os gatos.
- Qualquer moralidade que o homem possui é falsa e tem origem na sociedade. Portanto, não se pode esperar que alguém faça qualquer julgamento de valor para outros.
- A Bíblia é uma incrível coincidência — apesar de ter sido escrita por 40 homens diferentes que viveram ao longo de 1.600 anos, mantiveram registros separados, registraram eventos independentemente e contaram uma história notavelmente singular.

- Não existe um planejamento padrão para a humanidade. Nossa existência é um acidente, nosso trabalho na terra é infrutífero e nossos inter-relacionamentos são, em última análise, desprovidos de significado. Como uma manada de animais selvagens, nós não temos outro propósito na Terra a não ser a sobrevivência.
- Cristo não estava falando a verdade ao dizer que veio do céu para resgatar-nos da morte eterna e levar-nos a Deus.

Em qual das opções você está disposto a arriscar o seu destino eterno? Qual ponte você irá atravessar?

Por que alguns não creem

A Bíblia recusa-se a usar diplomacia quando se trata do motivo de alguns não acreditarem na existência de Deus. O Salmo 14:1 não esconde nada ao dizer: "Diz o insensato no seu coração: Não há Deus...".

Esse não é um insulto tão grande quanto possa parecer. Este versículo não está se referindo à limitação intelectual daqueles que não creem. A palavra hebraica aqui traduzida como "insensato" se refere a uma pessoa má, perversa, moralmente deficiente. Esta definição é corroborada pelo contexto, pois o versículo 1 continua a descrever os insensatos da seguinte maneira: "...Corrompem-se e praticam abominação; já não há quem faça o bem." Em outras palavras, algumas pessoas negam a existência de Deus devido ao seu estilo de vida perverso.

No Salmo 10:13 encontramos o questionamento: "Por que razão despreza o ímpio a Deus"? A resposta? — "...dizendo no seu íntimo que Deus não se importa...". Por não querer enfrentar o julgamento pelo pecado, ele nega a Deus. O apóstolo João escreveu assim:

…os homens amaram mais as trevas do que a luz; porque as suas obras eram más. Pois todo aquele que pratica o mal aborrece a luz e não se chega para a luz, a fim de não serem arguidas as suas obras (João 3:19,20).

A pessoa que se determinou a viver de maneira ateísta estará inclinada a ver um Universo sem Deus.

A palavra-chave, então, não é dúvida, mas negação. Um exemplo disto está no evangelho de João, quando Jesus curou um homem no sábado. Quando os fariseus ouviram isso, ficaram irritados e "…procuravam matá-lo…" (5:18). E as coisas pioraram quando Jesus se referiu a Deus como "Meu Pai", que os fariseus sabiam ser uma afirmação de igualdade com Deus. Respondendo aos oficiais irados, Jesus lhes deu vários motivos pelos quais deveriam crer que Ele era Deus.

Mas, eles não acreditavam. Em sua recusa podemos enxergar um padrão que se repete naqueles que se recusam a crer que Deus existe. Eis o que Jesus disse sobre sua indisposição para crer, apesar da clara evidência:

- "…não quereis *vir* a mim…" (v.40).
- "…não me *recebeis*…" (v.43).
- "…não *credes*…" (v.47).

Jesus estava dizendo que a essência da descrença é a negação. Não é uma questão de conhecimento ou evidência — os fariseus tinham isso de sobra. É uma questão de vontade. Eles viram com seus próprios olhos e ouviram com seus próprios ouvidos as maravilhosas obras de Jesus. Eles conheciam as profecias do Antigo Testamento a respeito do Messias. Mas, estavam determinados a negar a deidade de Jesus.

É isso o que acontece com muitos que se recusam a crer em Deus. Eles consciente e deliberadamente negam que a evidência é convincente. Rebelam-se contra o que sabem e observam.

SOFRIMENTO

Veja as palavras do apóstolo João a respeito daqueles que escolhem não crer:

Quem é o mentiroso, senão aquele que nega que Jesus é o Cristo? Este é o anticristo, o que nega o Pai e o Filho (1 João 2:22).

São palavras fortes, mas descrevem em termos claros o problema daqueles que deliberadamente decidem que a revelação de Deus sobre si mesmo não é suficiente para convencê-los de Sua existência.

Quatro argumentos clássicos

Há muito tempo, os estudiosos buscam um argumento incontestável para a existência de Deus. Contudo, somente os argumentos não convencem ninguém, pois sempre existirão os céticos que exigem evidência empírica — evidência que não está disponível.

Ao longo dos séculos, porém, são feitas tentativas inteligentes para formar argumentos para provar que Deus é o Criador e Mantenedor deste mundo. Abaixo, quatro tentativas de pensadores para provar a existência de Deus.

Argumento do ser

Nome clássico: Argumento ontológico

Origem: Anselmo e Descartes

Principal dogma: Qualquer um que até mesmo considerasse que Deus existe, de certa maneira está admitindo que há um Deus. A lógica dessa afirmação é: Deus, por definição, é o maior ser que pode ser concebido. Se Ele não existisse, não poderia ser o maior ser concebível. Portanto, tal ser existe. Se colocamos de outra forma, o fato de termos em nós a ideia da existência de Deus exige que Deus seja a sua origem.

Argumento da primeira origem

Nome clássico: Argumento cosmológico
Origem: Platão e Aristóteles
Principal dogma: O nosso mundo — complexo, finito, sujeito às mudanças e inteligível — deve ter tido uma primeira origem adequada. Os cientistas geralmente concordam que o nosso mundo teve um começo. E esse começo tinha de ter uma causa originadora que, por si, fosse independente de qualquer outra coisa para a sua existência. Portanto, essa entidade não duvidosa tinha de ser infinita, eterna, permanente e autoexistente. Ela tinha de ser Deus.

Argumento do design

Nome clássico: Argumento teológico
Origem: Aquinas e Paley
Principal dogma: O propósito e o projeto do mundo apontam para a existência de Deus. Os físicos se maravilham com a inacreditável complexidade de tudo o que estudam. No entanto, tudo se encaixa num sistema intricado e praticável. Considere o frágil equilíbrio de calor e frio, a delicada mistura de oxigênio e outros gases, a fina cortina que nos protege contra os raios ultravioletas, o complicado relacionamento das partes do sistema ecológico entre si. Eles destacam um design inteligente.

Argumento do homem

Nome clássico: Argumento antropológico
Origem: Diversos pensadores
Principal dogma: Este raciocínio baseia-se na natureza da personalidade humana. Quando adoramos, somos capazes de pensar

abstratamente e de nos projetar mentalmente no mundo além do tangível. Somos capazes de tomar decisões morais difíceis que levam a atos heroicos de autossacrifício que não poderiam surgir por instinto. Admiramos a arte, a música e a arquitetura. Estas qualidades incomuns do homem devem ser o produto de um Criador pessoal, inteligente e moral.

Acredite ou não — Seis pontos de vista

Ao longo dos anos, a humanidade se esforçou para organizar suas crenças sobre Deus. Aqui estão seis dos principais pontos de vista a que chegou:

Primeiro ponto de vista: Agnosticismo

Dogma básico: Não é possível saber se Deus existe. Não podemos saber como o mundo começou.
Defensores: Thomas Huxley e William Spencer.
O que eles dizem: "Não sei se existe um Deus ou não."

Segundo ponto de vista: Ateísmo

Dogma Básico: Não existe a necessidade por um Deus. Os deuses dos gregos e o Deus da Bíblia são os mesmos.
Defensores: Madalyn Murray O'Hair e Bertrand Russell.
O que eles dizem: "Eu sei que não existe Deus."

Terceiro ponto de vista: Deísmo

Dogma Básico: Deus colocou o Universo em movimento e o deixou por sua própria conta. Deus não interage mais com o homem.
Defensores: Benjamin Franklin e Thomas Jefferson.

O que eles dizem: "O mundo é como um relógio no qual Deus deu corda uma vez e, agora, essa corda está se consumindo."

Quarto ponto de vista: Panteísmo

Dogma Básico: Todos nós somos parte de Deus. Deus está em tudo que existe.

Defensores: Spinoza e Goethe.

O que eles dizem: Ao olhar para uma árvore, um panteísta diria: "Aquela árvore é Deus."

Quinto ponto de vista: Panenteísmo

Dogma Básico: Deus permeia o Universo. Todas as coisas existem nele.

Defensores: Paul Tillich e pessoas do Movimento Nova Era.

O que eles dizem: Ao olhar para uma árvore, um panteísta diria: "Deus está naquela árvore."

Sexto ponto de vista: Teísmo

Dogma Básico: Existe um Deus. Ele criou o Universo e nós podemos conhecê-lo.

Defensores: Cristãos e judeus.

O que eles dizem: "Deus existe e não está silente" (Francis Schaeffer).

"Agora eu creio em Deus"

Craig James Woods é um respeitado meteorologista da TV, cujo profissionalismo e precisas previsões do tempo lhe conferiram grande respeito. Aqui, ele conta sobre sua jornada do ateísmo à fé.

SOFRIMENTO

Eu era ateu, e tinha decidido que Deus não existia. Parecia-me que a força da gravidade universal em ação no mundo era a única — nada mais pessoal ou importante do que isso.

Sempre me disseram que a humanidade foi criada à imagem de Deus. Mas, daquilo que eu tinha observado nas pessoas e na maneira como elas se tratavam, com certeza, não era uma imagem de que gostasse. Além disso, o sofrimento generalizado que a humanidade suporta — causado por enchentes, terremotos, doenças, incêndios e outras catástrofes — levou-me a concluir que, se existisse um Deus, Ele certamente não se importava com as pessoas mais do que eu.

Parecia muito mais razoável não crer na existência de Deus do que num Deus cruel e inconstante.

Com as minhas crenças e todos os meus argumentos para sustentá-las na bagagem, cheguei a Grand Rapids, Michigan, EUA, em 1972. Estava pronto para trabalhar com afinco para atingir todos os objetivos a que me propusera. Desejava uma bela família, um lar agradável, um ótimo emprego e um salário decente. Aos 25 anos, tinha atingido quase todas essas metas. Mas, para minha profunda decepção, eu não me sentia satisfeito. Na verdade, comecei a ter fortes sentimentos de insatisfação e agitação. Fiquei entediado com a vida.

Nessa época comecei a conhecer (ou perceber pela primeira vez) pessoas diferentes. Elas tinham uma paz interior que eu não tinha e não podia desejar ter. Isso me deixava muito irado. E, quando estas pessoas me disseram que essa paz era o resultado da presença do Deus vivo em seu interior, me tornei ainda mais irado.

Eu sempre tinha sido capaz de descartar as conversas sobre um Deus vivo como tolices. Mas, a percepção de que havia algo diferente na vida dessas pessoas era forte demais para negar. Em seguida, percebi em minha mulher Marcie uma mudança ainda mais impossível de negar. Grande parte de sua amargura, ansiedade e ressentimento havia sido substituída da noite para o dia por aquele mesmo espírito de paz e confiança que meus novos amigos demonstravam.

Três semanas mais tarde, Marcie reuniu a coragem para contar-me que tinha entregado a sua vida a Jesus Cristo. Eu não podia mais lutar contra Ele. Também entreguei minha vida a esse Deus vivo que evidenciava a Sua presença por meio de minha mulher e meus amigos transformados.

Agora sei que Deus existe. Ele se revelou na Bíblia, na qual eu nunca crera. Ele se revelou no projeto do mundo natural, que agora enxergo sob uma perspectiva diferente. E Ele se revelou na vida de pessoas, e essa foi a chave que abriu o meu coração.

Ele está pronto e disposto a revelar-se a você também, se você lhe pedir por isso.

Como posso conhecer o verdadeiro Deus?

A existência ou não de Deus é uma questão importante. Mas, conhecer verdadeiramente esse Deus é ainda mais importante. J. I. Packer escreveu: "Para que fomos feitos? Para conhecer a Deus. Qual objetivo devemos ter na vida? Conhecer a Deus. Qual é a vida eterna que Jesus dá? Conhecer a Deus. Qual é a melhor coisa da vida? Conhecer a Deus. O que mais agrada a Deus no homem? O conhecimento de Deus."

Mas, quem pode proporcionar a apresentação? Veja o que Jesus disse aos Seus discípulos:

Não se turbe o vosso coração; credes em Deus, crede também em mim. Na casa de meu Pai há muitas moradas. Se assim não fora, eu vo-lo teria dito. Pois vou preparar-vos lugar. E, quando eu for e vos preparar lugar, voltarei e vos receberei para

SOFRIMENTO

mim mesmo, para que, onde eu estou, estejais vós também. E vós sabeis o caminho para onde eu vou. Disse-lhe Tomé: Senhor, não sabemos para onde vais; como saber o caminho? Respondeu-lhe Jesus: Eu sou o caminho, e a verdade, e a vida; ninguém vem ao Pai senão por mim. Se vós me tivésseis conhecido, conheceríeis também a meu Pai... (João 14:1-7).

Reconheça o seu pecado e a necessidade de um Salvador. Compreenda que Cristo morreu por você. E acredite no que o apóstolo João escreveu: "Mas, a todos quantos o receberam, deu-lhes o poder de serem feitos filhos de Deus, a saber, aos que creem no seu nome" (João 1:12).

SOFRIMENTO
O quanto Deus controla?

por Herb Vander Lught

O quanto Deus controla?

A nossa resposta a essa pergunta nos revela muito sobre a nossa habilidade de confiar em Deus, e mostrar o quanto estamos prontos para responder as dúvidas de céticos que afirmam que o Deus bom e Todo-poderoso, descrito na Bíblia, é uma impossibilidade lógica. Tais pessoas argumentam que a quantidade de dor e sofrimento no mundo prova que se Deus é bom Ele não é Todo-poderoso, e se Ele é Todo-poderoso, não é bom. Mesmo que essa discussão pareça filosófica, ela é tão verdadeira quanto a dor e o medo que atingem a nossa vida e de nossos familiares. Encontramos o conforto nos desafios dessa descoberta.

Certo rapaz, filho de missionários, que cresceu no Norte da África relatou-nos o momento em que viu uma mulher grávida ser morta quando alguns cavalos que puxavam uma carroça galoparam por entre a multidão. O condutor parou, viu que a mulher estava morta, encolheu seus ombros, e disse, "foi o desejo de Alá", e prosseguiu em seu caminho.

Certa mulher perdeu a vontade de viver aos 39 anos porque seu marido a deixou por um amor mais jovem. Ela é cristã dedicada e questiona por que Deus permitiu que isto acontecesse com ela.

O avô de uma adolescente que morreu vítima do descaso de um motorista bêbado parou de ir à igreja e ficou furioso quando as pessoas tentaram confortá-lo. Ele diz que um Deus bom e Todo-poderoso não permitiria que tais coisas acontecessem.

Na verdade, às vezes é difícil conciliar a crença na bondade e no poder divino com aquilo que vemos. Lembro-me dos pensamentos e sentimentos que tive, quando ainda era jovem, quando visitei uma ala pediátrica hospitalar. Fui cirurgião-técnico durante a Segunda Guerra Mundial, portanto tinha visto homens gravemente feridos. Mas a visão de crianças deformadas e moribundas foi quase insuportável para mim. Não encontrava qualquer explicação para o que eu via. Elas nada tinham feito para estarem nestas condições. Nada poderiam aprender por meio daquela dor. Descobri-me questionando Deus, até mesmo duvidando de algumas crenças que eu valorizara grande parte da minha vida.

As pessoas que experimentam ou observam as doenças que debilitam ou circunstâncias desesperadoras têm inúmeras opções. Elas podem negar a existência de um Deus pessoal e debater-se com questões de origem e significados inexplicáveis. Podem aceitar a existência de um Deus que é uma mistura de bom e mau. Ou podem concluir que Deus é bom, mas algumas coisas estão fora de Seu controle — foi essa a conclusão expressa pelo rabino Harold Kushner em seu livro *Quando coisas ruins acontecem a pessoas boas* (Editora Nobel, 2010).

Outra opção é tornar-se fatalista. Muitos muçulmanos e cristãos adotam para com a vida a atitude "o que tiver de ser será". Não importa o que acontecer, é a vontade de Deus. Tal Deus é provavelmente temido, mas como pode ser amado? E se Ele não pode ser amado como pode ser confiável? As implicações são profundas. O autor, Oswald Chambers, fez a observação perspicaz de que "a raiz de todo pecado é a suspeita de que Deus não é bom".

> **"A raiz de todo pecado é a suspeita de que Deus não é bom". —OSWALD CHAMBERS**

A Bíblia, no entanto, nos oferece outra escolha. Ela apresenta Deus como Todo-poderoso e bom. O Deus da Bíblia deleita-se com aqueles que fazem o bem, e se ira, de forma lenta mas segura, com aqueles que teimam em resisti-lo (Salmo 7:11; Naum 1:1-7). O senhor sente pesar por aqueles que o rejeitam (Gênesis 6:6; Salmo 95:10). Fere quando acha necessário corrigir e punir (Isaías 63:9).

Não tem prazer em julgar os perversos, antes anseia por mudanças em seus corações (Ezequiel 18:23,32; 33:11). Deleita-se em bondade, justiça e retidão (Jeremias 9:24). Ele amou o mundo de tal maneira que, na pessoa de Jesus Cristo, tornou-se membro da família humana e carregou o nosso castigo morrendo como um pecador (João 3:16; 2 Coríntios 5:21).

As pessoas que colocam sua confiança em Jesus Cristo e vivem em obediência à Palavra de Deus experimentam a veracidade do Seu amor e o retribuem. Elas podem superar dores insuportáveis, esgotamentos físicos dolorosos e circunstâncias terríveis com resiliência surpreendente. O pai, de uma garota de 20 anos, abatido porque sua filha morrera em consequência do aquecedor de um hotel que não estava ventilando, disse-me: "Não estou zangado com Deus. Como posso duvidar da bondade daquele que demonstrou tanto amor por mim e foi tão paciente comigo em todos os meus anos?" Conversei com os pais de um casal de filhos adolescentes que morreram em acidentes distintos. Eles se entristeceram profundamente, mas jamais blasfemaram ou falaram com amargura de alguém. Disseram-me que esperavam pelo paraíso com um novo anseio e que sentiam a presença de Deus em suas vidas como nunca.

No entanto, permanece o fato de que o mundo é cheio de tristeza, dor, sofrimento, crueldade e injustiça. E enquanto alguns cristãos estão aptos a triunfar sobre todas essas coisas, muitos se encontram profundamente abalados. Eles sempre questionam onde Deus está ou porque Ele os deixa abatidos. Tento ajudar muitas destas pessoas e sofro com elas. Portanto, escrevo este texto com minha mente e com meu coração. Quero extrair da Bíblia e da experiência humana uma resposta prática e compreensível à pergunta, O quanto Deus controla?, e o farei por meio dos títulos abaixo:

(1) verdades paradoxais
(2) reinos conflitantes

(3) problemas estarrecedores

(4) implicações práticas

Oro para que os pensamentos expressos nas páginas a seguir sejam usados por Deus para fortalecer o Seu povo e conduzir os céticos à fé naquele que enfrenta o problema do mal por nós.

Verdades paradoxais

A Bíblia não descreve exatamente como, quando ou por que o mal entrou no mundo de Deus. O que ela relata, no entanto, é o que precisamos saber para vivermos esperançosos e com responsabilidades nesse mundo turbulento. Assegura-nos de que Deus é soberano, que Ele está no controle e cumprirá Seus planos amorosos e Seus propósitos para nós. Por outro lado, a Bíblia afirma que somos seres morais com poder de escolha e que o Senhor nos responsabiliza por tomarmos boas decisões morais e espirituais. Como estas duas declarações podem ser verdadeiras? Parece uma impossibilidade, a menos que modifiquemos a soberania divina ou a liberdade humana. Mas a Bíblia não nos permite escolher apenas um destes caminhos em detrimento de outro.

Soberania divina

Deus é Todo-poderoso e se envolve de tal modo com o que acontece, que nem mesmo um pardal cai em terra sem que haja o Seu consentimento (Mateus 10:29). Ele está no controle da história. O apóstolo Paulo declarou que "...de um só fez toda a raça humana para habitar sobre toda a face da terra, havendo fixado os tempos previamente estabelecidos e os limites da sua habitação" (Atos 17:26). Paulo declarou ainda que os governantes das nações, sejam eles bons ou maus, recebem sua autoridade de Deus (Daniel 4:17;

Romanos 13:1). Ele decide a quem mostrará misericórdia, ao invés de ira (Êxodo 33:19; 34:5-7; Romanos 9:14-24). Sabe quem será redimido no céu (João 6:37; Romanos 8:28-29; Efésios 1:4). Permitiu que Faraó se recusasse a ouvir Moisés e determinasse não libertar os israelitas da escravidão em sua terra (Êxodo 5-14). Permitiu até mesmo a traição de Judas Iscariotes, provendo as circunstâncias que lhe possibilitaram cumprir o papel que o Senhor, de antemão, conhecera (Atos 1:15-20).

Deus é ativo na história até quando não parece ser. Este tema percorre toda a Bíblia. A história de José no Antigo Testamento é um exemplo impressionante. Este homem era o filho preferido do seu pai e foi odiado e caluniado por seus irmãos, falsamente acusado de ter-se envolvido sexualmente com a esposa do seu chefe, e foi esquecido na prisão. Contudo, durante esses anos de escuridão, Deus estava silenciosamente colocando-o numa posição que o permitiria salvar os fundadores de Israel, seus antepassados, da fome. Deus lhe deu a habilidade de interpretar sonhos, o que o favoreceu perante o rei do Egito. E por conta da sua habilidade administrativa, também concedida pelo Senhor, José em pouco tempo tornou-se o primeiro ministro do Egito. Nesse cargo pôde proteger da fome a nação egípcia e sua própria família.

Mais de 30 anos após ter sido vítima do ódio de seus irmãos, José calou os medos de vingança que eles tinham dizendo:

> ...*Não temais; acaso, estou eu em lugar de Deus? Vós, na verdade, intentastes o mal contra mim; porém Deus o tornou em bem, para fazer, como vedes agora, que se conserve muita gente em vida* (GÊNESIS 50:19,20).

Deus fez os descendentes de Jacó prosperarem no Egito. Eles se multiplicaram e tornaram-se uma nação de aproximadamente 2,5 milhões de pessoas. No entanto, o Senhor permitiu que suas condições mudassem quando uma nova dinastia assumiu o poder. Ele trouxe Moisés ao mundo, o manteve vivo, e por meio de uma sucessão de acontecimentos o treinou e preparou para a tarefa de liderar os israelitas. Libertou-os, sobrenaturalmente, do cativeiro egípcio enviando dez pragas e destruindo o exército de Faraó, e os preservou miraculosamente até que entrassem na Terra Prometida 40 anos mais tarde.

O papel de Deus nos acontecimentos nem sempre é perceptível. Suas ações são frequentemente tão entrelaçadas aos fatores terrenos e humanos que não sabemos ao certo o que podemos atribuir-lhe diretamente. Sabemos que como um Deus santo que odeia o pecado Ele nunca direcionaria alguém a fazer o mal. Tiago, em sua carta, declarou como princípio absoluto que "...porque Deus não pode ser tentado pelo mal e ele mesmo a ninguém tenta" (1:13). Não obstante o Senhor age em meio ao pecado humano para atingir os Seus propósitos.

Ele falou aos israelitas que poderia trazer uma nação contra Israel, se eles o desobedecessem e que os invasores seriam indescritivelmente cruéis (Deuteronômio 28:49-52). Os escritores da Bíblia nos falam repetidamente que Deus mandou os assírios e babilônios contra os israelitas. Moisés disse ainda aos israelitas que o Senhor poderia lhes enviar pragas e doenças terríveis (vv. 58-62).

Inúmeros fatores terrenos e humanos foram envolvidos no cumprimento destas ameaças. Os líderes das nações que atacaram os israelitas escolheram agir assim livremente. Os invasores estrangeiros escolheram livremente ser cruéis e insensíveis.

Talvez algumas das fomes e pragas pudessem ser explicadas como acontecimentos naturais, mas a Bíblia não faz estas distinções. Deus afirmou que elas ocorreriam no julgamento, e Ele assim o fez. É possível que Satanás e o reino do mal sejam tão perversos que, tão logo

Por que Deus o permite?

Deus retire Sua mão protetora, prontamente lancem pestes e pragas. Satanás estava ansioso por afligir Jó e o fez furiosamente assim que Deus lhe permitiu. Jó, sem saber da história completa, atribuiu seu sofrimento a Deus. Por fim, é claro, isto teve a aprovação divina. Ele poderia ter impedido este sofrimento se assim preferisse.

É possível que o relacionamento entre Judas Iscariotes e Jesus esclareça a relação entre Deus e os maus os quais Ele usa para executar os Seus planos. Sabendo o que Judas pretendia fazer, Jesus escondeu este fato dos Seus outros discípulos, disse-lhe que fizesse imediatamente o que pretendia, e foi para o jardim onde o Seu traidor o venderia por 30 moedas de prata.

O coração humano não precisa da assistência divina para planejar e executar a maldade. Bastam a oportunidade e a ausência de restrição. Um plano malicioso não nasce de Deus, mas Ele pode permitir ou até intervir produzindo circunstâncias favoráveis à sua execução — desde que isto contribua para os Seus propósitos.

Podemos ter a certeza de que nada pode nos acontecer sem passar pela vontade permissiva de Deus, e que Ele pode efetuar o bem por meio disso (Romanos 8:28). Com essa certeza podemos viver confiantes e esperançosos, independente de nossas circunstâncias.

Quando as dúvidas vêm, podemos, como Jó, reportá-las a Deus com candura e honestidade. À medida que crescemos para conhecê-lo melhor, veremos mais e mais claro quão magnificente e bom Ele é. Veremos também como somos pequenos e pecadores. Assim poremos fim às nossas queixas e diremos como Jó, "Eu te conhecia só de ouvir mas agora os meus olhos te veem por isso me abomino e [...] me arrependo no pó e na cinza" (Jó 42:5,6).

Deus é soberano. Ele está completamente no controle em todos os momentos. E aqueles que o conhecem aguardam com prazer o dia em que Ele se unirá a todos os habitantes do Universo para cantar "...Àquele que está sentado no trono e ao Cordeiro, seja o louvor, e a honra, e a glória, e o domínio pelos séculos dos séculos" (Apocalipse 5:13).

Liberdade humana

Sob a proteção soberana de Deus, somos também agentes morais livres. Podemos e devemos escolher entre o certo e o errado, entre o bem e o mal. A Bíblia ensina que o homem foi criado à imagem de Deus e, portanto, possui habilidades e responsabilidades não partilhadas por qualquer outra criatura terrestre.

- Temos um grau de entendimento singular.
- Possuímos a habilidade exclusiva de fazer escolhas morais.
- Temos a capacidade única de colocarmos os interesses dos outros à frente dos nossos; e de amar com o tipo de amor que Deus tem.

Esta nossa singularidade humana pode ser claramente vista quando consideramos nossa habilidade de reagir aos itens que o Senhor resumiu da Lei e dos Profetas: amar a Deus acima de todas as coisas e ao próximo como a nós mesmos (Mateus 22:37-40).

Como seres humanos podemos, antes de tudo, entender o que estes mandamentos significam. Podemos avaliar suas implicações para a nossa vida diária. Não precisamos de alto grau de formação acadêmica ou muita inteligência para entender isto.

Como seres humanos também podemos escolher se levaremos estes mandamentos a sério ou não. Se tomarmos a decisão certa e percebermos que não conseguimos ser tão perfeitos, podemos escolher buscar o perdão de Deus e Sua capacitação.

Por fim, podemos, com a ajuda de Deus, colocar os interesses dos outros acima dos nossos. As pessoas, às vezes, vão a extremos dos sacrifícios pessoais para ajudar àqueles por quem têm afeição natural. Alguns até já deram sua vida em favor de inimigos. Isto não acontece no mundo animal, que não foi criado à imagem de Deus.

Por que Deus o permite?

Uma vez que os seres humanos conseguem entender os mandamentos do Senhor, podemos escolher levá-los a sério ou não. E desde que a nós foi dada a capacidade de deliberadamente colocar os desejos dos outros antes dos nossos, somos responsáveis quando cometemos atos impiedosos, cruéis, imorais ou egoístas.

Portanto, não temos direito de culpar a Deus por nossos pecados. Nem podemos culpá-lo quando alguém nos faz o mal ou comete um crime terrível. Muitos sofrimentos humanos são causados pelo mal que as pessoas fazem umas às outras. É o resultado de escolhas ruins feitas por pessoas que poderiam ter escolhido melhor.

Mesmo que Deus não se surpreenda com o nosso mal uso da liberdade, Ele se envolve emocionalmente em nosso fracasso. Quando o Senhor confrontou Adão e Eva depois de terem pecado, Ele refletiu Sua decepção quando os chamava: "Onde estás?" (Gênesis 3:9). Mais tarde o Senhor pediu a Caim que resistisse ao seu mal intento de matar Abel (4:6,7), mas não obteve êxito. Alguns capítulos depois, Deus percebeu que as pessoas tinham se tornado terrivelmente malvadas "...então, se arrependeu o Senhor de ter feito o homem na terra, e isso lhe pesou no coração" (Gênesis 6:6).

Questionamos, "Deus se arrependeu? Ele não sabia o que aconteceria?" Moisés, contudo, não achou necessário explicar. Milhares de anos mais tarde, aproximadamente 1.500 a.C., Deus foi repetidamente ofendido e desapontado pelos israelitas, uma nação que Ele havia libertado milagrosamente do Egito. O Senhor tinha planos grandiosos para esta nação e tinha lhes dito que queria fazer deles sua "propriedade peculiar", "um reino de sacerdotes e uma nação santa" (Êxodo 19:5,6). Prometeu-lhes que se o obedecessem, eles seriam benditos "...mais do que todos os povos...", e disse que afastaria deles "...toda enfermidade..." (Deuteronômio 7:12-16). Por intermédio dos israelitas, Deus desejou tornar-se conhecido pelas nações pagãs que os rodeavam. No entanto, eles não consentiram com os termos de obediência que os fariam "a luz dos gentios" (Atos 13:47).

Como Deus se sentiu quando Seu povo o desobedeceu e trouxe sobre si todo tipo de tribulação? Ficou irado (Salmo 95:8-11). Sofreu com os israelitas e sentiu pesar: "Em toda angústia deles, foi ele angustiado [...] mas eles foram rebeldes e contristaram seu Espírito Santo" (Isaías 63:9,10). Ele se sentiu como um marido apaixonado quando sua esposa tornou-se infiel e recusou-se a mudar de atitudes, até que não lhe reste escolha senão divorciar-se dela. "Como te deixaria, ó Efrain? Como te entregaria ó Israel [...] Meu coração está comovido dentro de mim..." (Oseias 11:8). Ele sentiu como um pai bondoso quando seus filhos são desrespeitosos e ingratos: "Um filho honra o pai [...] Se eu sou pai, onde está a minha honra?" (Malaquias 1:6).

O Novo Testamento também retrata Deus como alguém desapontado, ofendido e frustrado. Jesus "Veio para o que era seu, e os seus não o receberam" (João 1:11). Proclamou repetidas vezes aos israelitas que Ele era o Messias prometido no Antigo Testamento. Operou milagres como evidência da veracidade de Sua declaração, mas foi odiado, caluniado, rejeitado e por fim crucificado como blasfemo. O evangelista Mateus nos mostrou o quanto essa atitude decepcionou Jesus Cristo, e como Ele se entristeceu enquanto contemplou o julgamento que cairia sobre a geração que o rejeitou. "Jerusalém, Jerusalém[...]! Quantas vezes quis eu reunir os teus filhos, como a galinha ajunta os seus pintinhos debaixo das asas, e vós não o quisestes! Eis que a vossa casa vos ficará deserta" (Mateus 23:37,38).

Lucas retratou Jesus ao se aproximar da cidade, perto do fim do seu ministério terreno, chorando e dizendo: "... Ah! Se conheceras[...] o que é devido à paz! Mas isto está agora oculto aos teus olhos. Pois sobre ti virão dias em que os teus inimigos te cercarão de trincheiras [...] e te arrasarão e aos teus filhos dentro de ti; não deixarão em ti pedra sobre pedra, porque não reconheceste a oportunidade da tua visitação" (Lucas 19: 42-44).

Lembre-se, quando você vê e ouve Jesus nos evangelhos você também está vendo e ouvindo a Deus. Ele disse, "...Quem me vê a mim vê o pai..." (João 14:9). Pense no que isso significa! Você está abatido e aflito pelas maldades, injustiças, dor e sofrimento que o rodeiam? O Senhor também está! Você está magoado por que está sendo injustiçado? Questiona porque Deus está permitindo esse sofrimento? Se sim, esteja certo de que isto é causado por uma pessoa, ou pessoas más. Deus não os está conduzindo a estes erros. Ele odeia ver você sendo injustiçado. Sente sua aflição. Responsabiliza a pessoa ou pessoas que o prejudicam pelos seus erros. E é capaz de trazer bênçãos eternas como resultado destas experiências ruins (Salmo 42). Portanto, pare de culpar a Deus. Ore a Ele. Confie nele. Aja da melhor maneira. E, espere Deus provar-se fiel.

À medida que confrontamos a vida com seus prazeres e dores, sua beleza e feiura, sua bondade e maldade, sustentamos duas verdades: (1) Nosso bom Deus está no controle absoluto e (2) somos representantes morais livres que podem escolher aceitar ou rejeitar a assistência divina para lidar com o certo e o errado. Todos nós fazemos, frequentemente, escolhas erradas. Quando agimos assim, entristecemos e decepcionamos a Deus. Contudo, Ele nunca fica surpreso ou preocupado. Está firme no comando. Pode e usa até o pecado daqueles que se rebelam contra Ele para corrigir Seu povo quando este o desobedece, objetivando punir a maldade e completar Seus propósitos.

Às vezes, Deus não intervém como gostaríamos que o fizesse. Ele permite que pessoas malvadas prosperem, enquanto homens e mulheres bons sofrem. Um poeta em Israel teve este problema e o expressou nos versos que abrem o Salmo 73. Contudo, mudou de atitude após entrar no templo para adorar a Deus. Naquele lugar, viu a vida por uma perspectiva eterna. Pensando sobre a prosperidade dos maus, entendeu o fim deles. O salmista os viu "em lugares escorregadios" confessou sua limitação e declarou sua confiança na bondade e poder de Deus. "Tu me guias com o teu conselho e depois me recebes na glória" (v.24).

O profeta Habacuque também ficou aflito pela falha divina em punir os perversos em Israel. Ele chamou a atenção do Senhor para a maldade daquele povo. Deus disse ao Seu servo que o julgamento estava por vir. Os exércitos babilônicos em breve invadiriam a região. Isso intrigou o profeta. Por que ajudar os babilônicos, um povo mau e cruel, mais ímpio e cruel que os israelitas? Em seguida, Deus assegurou-lhe de que Ele os puniria em Seu próprio tempo. O profeta finalmente sentiu-se confiante em relação a Deus, a ponto de concluir seu livro com um hino de louvor e confiança (Habacuque 3:17-19).

O profeta Ezequiel, que estava entre os exilados depois que a Babilônia derrotou o reino de Judá, foi o porta-voz de Deus para dizer ao povo do Senhor que embora eles tivessem "contaminado" a terra com o seu pecado e "profanado" o nome de Deus nos lugares para onde foram, um dia eles se arrependeriam, seriam purificados, receberiam um novo coração, e cumpririam seu destino (Ezequiel 36:16-38). Ele os assegurou de que o Senhor está no controle.

Quando Deus veio a Terra na pessoa de Jesus Cristo e apresentou-se como o Messias prometido a Israel, foi rejeitado e crucificado. Contudo Deus não ficou desanimado. Certamente sabia que isto aconteceria. Ele fez da crucificação e ressureição de Cristo o meio de salvação e glória eterna para todos que cressem. Pouco mais de sete semanas depois da morte e ressurreição do nosso Senhor, o apóstolo Pedro resumiu esta verdade extraordinária:

Por que Deus o permite?

Varões israelitas, atendei a estas palavras: Jesus, o Nazareno, varão aprovado por Deus diante de vós com milagres, prodígios e sinais, os quais o próprio Deus realizou por intermédio dele entre vós, como vós mesmos bem sabeis; sendo este entregue pelo determinado desígnio e presciência de Deus, vós o matastes, crucificando-o por mãos de iníquos; ao qual, porém, Deus ressuscitou, rompendo os grilhões da morte, porquanto não era possível fosse ele retido por ela (Atos 2:22-24).

Embora as pessoas tenham agido com liberdade quando rejeitaram e crucificaram o Filho de Deus, elas não estavam no controle do Universo. Deus estava, e Ele usou a rebelião das pessoas para cumprir o Seu propósito. O exemplo clássico da soberania divina sobre a revolta do homem é encontrado no Salmo 2, que inicia com uma aliança de nações em rebelião contra Deus. Elas se enfurecem contra Ele e declaram que se libertarão das amarras do Senhor. Contudo, o Imperador Supremo não se sentiu ameaçado. Ele ri zombando dos débeis e insignificantes reizinhos. Seu riso transforma-se rapidamente em ira, ao dizer a estes rebeldes que Ele já instituiu Seu Filho como Rei. Dessa forma, ao advertir os imperadores terrenos sobre as constantes revoltas, Ele os incita a servir-lhe com temor e a render-se ao Seu Filho.

Os seres humanos são livres para resistir ou aceitar a Deus. No entanto, O Senhor está inteiramente no controle. Nada pode acontecer a menos que Ele permita. E no fim Ele abolirá toda maldade, tornará em bem todo o mal, e dará a todos aqueles que confiarem nele uma eternidade de pura alegria. Isto é confortante!

SOFRIMENTO

Reinos conflitantes

Enquanto a Bíblia descreve claramente Deus como sendo soberano, ela também o retrata em conflito com um poder hostil. Seu inimigo é Satanás, cujo poder é tão grande que é chamado "o príncipe deste mundo" (João 12:31; 14:30; 16:11) e o "deus deste século" (2 Coríntios 4:4). Paulo usou a palavra potestade algumas vezes para denotar a autoridade de Satanás sobre o reino das "trevas" e "do ar" (Atos 26:18; Efésios 2:1,2; Colossenses 1:13). "…o mundo inteiro jaz no maligno" (1 João 5:19).

Como Satanás tem autoridade sobre a vastidão do mundo, ele comanda o reino do mal que luta contra o reino de Deus. A evidência de que estes dois reinos estão em conflito está em todo o nosso redor — até certo ponto na natureza, porém de forma mais penetrante nas atitudes morais e espirituais e nas ações da humanidade.

As pessoas que escolheram o reino das trevas refletem o espírito do seu líder, o diabo. A respeito dele Jesus declarou, "…Ele foi homicida desde o princípio[…] Quando ele profere mentira, fala do que lhe é próprio, porque é mentiroso e pai da mentira" (João 8:44).

Aqueles que escolheram Deus como seu Rei refletem o espírito do seu Líder — o Deus que é o Autor da vida, o Deus em quem "…vivemos, e nos movemos, e existimos…" (Atos 17:28), e o Deus "…que não pode mentir…" (Tito 1:2). O fato de que o império das trevas detém muito poder explica grande parte do pecado e sofrimento que arruína nosso planeta.

O reino de Deus

A Bíblia fala, com frequência, sobre o "reino de Deus". Às vezes ele é descrito como uma entidade que sempre existiu e sempre existirá. O salmista declarou, "Nos céus, estabeleceu o SENHOR o seu trono, e o seu reino domina sobre tudo" (103:19) e "O teu reino é o de todos os séculos, e o teu domínio subsiste por todas as gerações..." (145:13). Nada no céu, na terra, ou no inferno está fora do âmbito do domínio divino. Até o diabo pode fazer apenas o que Deus permite (Jó 1:12; 2:6). Além disso, é Deus quem dá a chuva e a estação frutífera (Levítico 26:4,5; Deuteronômio 28:12; Isaías 30:23; Atos 14:17). Ele é a fonte definitiva de tudo o que é bom, agradável, legítimo e justo (Salmo 34). E mesmo que exercite, normalmente, Seu controle por meio dos cursos naturais, Ele intervém com milagres manifestos toda vez que decide fazer assim. Enviou as dez pragas do Egito, secou o mar Vermelho, e alimentou 2,5 milhões de israelitas com maná por 40 anos. Não importa se for por intervenção sobrenatural ou por meios naturais.

> *Tudo quanto aprouve ao Senhor, ele o fez, nos céus e na terra, no mar e em todos os abismos. Faz subir as nuvens dos confins da terra, faz os relâmpagos para a chuva, faz sair o vento dos seus reservatórios. Foi ele quem feriu os primogênitos no Egito, tanto dos homens como das alimárias quem no meio de ti, ó Egito, operou sinais de prodígios contra Faraó e todos os seus servos...* (Salmo 135:6-9).

Isaías declarou que o rei da Assíria era a "vara", o "bastão", o "machado" e a "serra" divina, para punir os cidadãos das duas tribos por sua desobediência e rebelião (Isaías 10:5-15). O rei assim fez, com liberdade e baseado numa escolha egoísta, sem desejo de cumprir a vontade de Deus.

Jeremias declarou que Jeová "...despertou o espírito dos reis dos medos..." para destruir a Babilônia (Jeremias 51:11,28-37). Se Deus fez desta forma diretamente ou se só permitiu que seu desejo por poder se apoderasse deles, não está relatado na Bíblia. Portanto, toda especulação é inútil.

SOFRIMENTO

É igualmente inútil discutir a ordem cronológica da presciência divina e Sua vontade resoluta. Os teólogos debatem esse assunto, mas não resolvem a questão. Já que Deus vê todas as coisas — passado, presente, e futuro — com a mesma clareza, nós, como criaturas limitadas e finitas não somos capazes de classificar os caminhos divinos numa ordem cronológica. Nem sempre fica evidente para nós, se Deus exerce controle por meio de recursos naturais ou com poder sobrenatural. Mas isso não importa, de qualquer forma "...seu reino domina sobre tudo" (Salmo 103:19).

A expressão "reino de Deus" às vezes denota um reino espiritual que existe nesse momento. Entramos neste "domínio de Deus" quando cremos em Jesus Cristo. Paulo declarou que os cristãos foram libertos "...do império das trevas [e transportados] para o reino do Filho do seu amor..." (Colossenses 1:13). Jesus enunciou os princípios deste reino em Seu sermão do monte registrado no evangelho de Mateus 5-7, e no de Lucas 6:20-49. Paulo afirmou que o reino de Deus é "...justiça, e paz, e alegria no Espírito Santo" (Romanos 14:17). Aqueles que entram no reino de Deus serão marcados por Seu amor, honestidade, bondade, pacificidade, e estarão prontos a perdoar e a caminhar a milha extra a favor de outros.

O "reino de Deus" também pode referir-se a um ambiente físico que virá a existir. Algum dia (talvez em breve) Jesus Cristo retornará a esta Terra para estabelecer completamente Seu reino de justiça, equidade, e paz. Os profetas do Antigo Testamento falavam com frequência deste tempo que viria. Seria um tempo de bênçãos espirituais (Isaías 32:1,2; Jeremias 23:6; Ezequiel 36:26-38). Será um tempo no qual governará a justiça perfeita (Isaías 2:1-4; 32:5; Malaquias 3:18). As guerras serão abolidas (Isaías 9:6,7; Oseias 2:18; Miqueias 4:3), a justiça social prevalecerá (Isaías 65:21,22; Amós 9:11,14), o deserto se alegrará e florescerá (Isaías 35:1,2) e as doenças e deficiências físicas serão retiradas (Isaías 35:5,6).

O fato de as pessoas que agora entram voluntariamente no reino de Deus serem reconhecidas pelo amor, pureza, bondade e por um espírito perdoador, nos indicam como Deus é. A realidade de que o Seu reino vindouro será livre de injustiças, guerras, catástrofes, e doenças mostra-nos as circunstâncias que agradam a Deus. Portanto, as guerras, doenças, injustiças, catástrofes e outras maldades estão em nosso meio, apenas porque o pecado invadiu o mundo harmônico que Ele criou.

O reino do mal

Conforme observado anteriormente, a Bíblia refere-se com frequência a um ser cruel chamado Satanás ou o diabo que comanda o reino do mal. Paulo descreveu o reino do diabo como bem organizado, quando escreveu:

> *...porque a nossa luta não é contra o sangue e a carne, e sim contra principados e potestades, contra os dominadores deste mundo tenebroso, contra as forças espirituais do mal, nas regiões celestes* (Efésios 6:12).

A Bíblia não nos relata quando Satanás tornou-se inimigo de Deus, na verdade, nem descreve o momento em que ele deixou a santidade. A Bíblia apenas alude ao fato nos livros de Isaías 14:12-15 e de Ezequiel 28:12-19, passagens que fazem referência direta aos reis da Babilônia e de Tiro. Quando Satanás rebelou-se, ele aparentemente levou um grande número de anjos consigo (Apocalipse 12:4). Estes anjos caídos (chamados demônios) são agora seus assistentes.

Satanás afligiu Jó (Jó 1–2). Ele fez Davi tornar-se orgulhoso e calcular o censo dos cidadãos de sua nação (1 Crônicas 21:1). Um espírito maldoso, um membro do exército de Satanás, tornou-se um "espírito mentiroso" na boca dos profetas de Acabe para persuadi-lo a lutar a batalha na qual ele seria morto (1 Reis 22:13-28). Poderosos espíritos do mal dão poderes e guiam líderes de nações (Daniel 10:13). Os espíritos do mal possuíram pessoas no tempo de Cristo e talvez ainda o façam atualmente (Mateus 8:16,17,28-34). Satanás estava envolvido com o "espinho da carne" de Paulo (2 Coríntios 12:7). O diabo e os demônios exercem poder real por meio dos representantes humanos que se associam à idolatria e feitiçaria (1 Coríntios 10:20). Eles conferem poderes a falsos mestres (2 Coríntios 11:13,14), e são capazes de operar prodígios falsos (2 Tessalonicenses 2:9; Apocalipse 18:23).

Este reino do mal é penetrante e poderoso. Satanás e os seus representantes são, sem dúvida, responsáveis por muitas maldades no mundo. Eles são maus e odiosos. Certamente estão envolvidos nas guerras, injustiças, perseguições, pragas, e outras formas de maldade que corrompem nosso mundo. Contudo, podem fazer apenas o que Deus permite. Portanto, os escritores da Bíblia às vezes atribuem a Deus as maldades que acontecem por meio da atuação dos espíritos malignos. Vemos isso quando comparamos 1 Crônicas 2:1 com 2 Samuel 24:1. Notamos, também, que Jó viu a sua aflição como algo vindo do Senhor. Entretanto, Deus nunca disse, "Não me culpe, o diabo fez isto." No final das contas, Deus o permitiu.

Ainda é importante, contudo, observar o fato de que muito do mal do nosso mundo vem do diabo e dos seus representantes. O que nos permite manter a doutrina de que que Deus é absolutamente santo e que Ele nunca instiga maldade moral ou espiritual. A permissão divina, não é o mesmo que origem divina. Paulo declarou que Deus entregou os pecadores rebeldes à loucura (Romanos 1:22), sensualidade (vv.24,25), perversão homossexual (vv.26,27), depreciação mental (vv.28,29), e total falta de compaixão (vv.30,32).

Deus não provocou a degradação, cada vez mais profunda, desses pecadores. Ele a permitiu. Não é possível que Deus, ao observar os seres humanos se afundar em pecado e rebeldia, tenha permitido ao diabo e seus anjos trazerem desastres naturais, crimes destrutivos, guerras, perseguições, falsas religiões e pragas?

Problemas estarrecedores

O renomado autor C. S. Lewis deu boas razões para sua argumentação de que guerras, crimes, e injustiças — coisas ruins que ocorrem por causa de más escolhas feitas por pessoas cruéis e desregradas — são responsáveis por pelo menos 80% dos sofrimentos da humanidade. Muitos acreditam que ele foi muito conservador em sua estimativa. Além disso, a Bíblia nos mostra que às vezes, guerras, fome, e doenças são trazidas por Deus como punição pelo pecado deliberado e pela falta de fé. Contudo, algumas questões difíceis permanecem sem respostas.

- Por que Deus permite a maldade?
- Por que Deus permite desastres e doenças?
- Por que Deus permite que a história da humanidade continue geração após geração, apesar de saber que a maior parte da humanidade morrerá sem fé em Cristo e irá para o inferno eterno.

Por que Deus permite a maldade?

Mesmo que admitamos que somos criaturas pecadoras, às vezes nos perguntamos por que o Todo-poderoso permite que algumas pessoas sejam desesperadamente tão más e impiedosas. Escravidão, tortura, assassinato, violência, e a bruta imoralidade comprovam nossa terrível maldade. Por que Deus não interrompe as pessoas quando elas estão quase fazendo algo extremamente cruel e imoral? Sem dúvida, às vezes Ele o faz. Mas não sempre. Se impedisse todo o mal, retiraria o solene fato de que nutrir pensamentos imorais ou odiosos provavelmente produziria assassinatos e atos autodestrutivos. Com isto estaria desconstruindo os seres humanos. Retiraria a nossa oportunidade de confiar nele na melhor e na pior das circunstâncias.

Por que Deus não interrompe as pessoas quando elas estão quase fazendo algo extremamente cruel e imoral?

A raça humana é o que é hoje porque as pessoas que uma vez "conheceram Deus" afastaram-se dele e passaram a adorar falsos deuses e a cometer atos imorais (Romanos 1:21-23). "Por isso, Deus entregou tais homens à imundícia..." (v.24), "paixões infames" (v.26), "uma disposição mental reprovável" (v.28). Contudo, mesmo que Deus os tenha abandonado aos seus maus caminhos, Ele lhes deu conhecimento da "sentença de Deus". Eles, porém, prosseguiram com sua maldade e encorajaram outros a se juntarem a eles (v.32).

Deus, de maneira alguma, criou as pessoas egocêntricas como elas são. Criou nossos primeiros pais em justiça e retidão (Efésios 4:24). Entretanto, uma vez que o pecado entrou na família humana, espalhou-se como lixo industrial num córrego límpido. A poluição tornou-se tão difundida que a humanidade perderia cada traço de bondade, se a presença de Deus não o impedisse.

Por que Deus permite desastres e doenças?

Embora possamos crescer espiritualmente por meio do sofrimento (Hebreus 12:6), às vezes, enfrentamos sofrimentos que parecem cruéis e inúteis. Há algum tipo de benefício quando nasce um bebê com deformidades? Um retardo severo pode ser benéfico? Qual o propósito de uma pessoa idosa passar meses e meses num estado quase vegetativo? Por que a vítima de um acidente vascular cerebral que não pode falar ou usar seus membros tem que repousar ano após ano numa clínica? E as vítimas de acidentes ou desastres?

Devemos admitir que às vezes não é possível ver razões ou propósitos em alguns dos sofrimentos que enfrentamos. Mas isto não significa que não haja razão ou propósito divino. Apenas não os vemos. Jesus disse que um homem nasceu cego não por causa do pecado de alguém, mas "para que o propósito de Deus se revelasse nele" (João 9:3). Depois, Jesus o curou de modo sobrenatural. Até aquele momento ninguém sabia por que aquele homem nascera cego. Mas Deus sabia. Por isso, devemos descansar sempre na segurança de que o Senhor sabe a resposta para a pergunta "Por quê?"

Da mesma forma, essas realidades perturbadoras são um chamado ao arrependimento. Elas nos lembram de que a vida é apenas uma parte de todo o quadro. Jesus chamou a atenção ao fato de que as 18 pessoas que morreram quando uma torre caiu sobre elas não foram predestinadas ao acidente por serem piores do que os demais pecadores. Contudo, Ele seguiu dizendo: "…se não vos arrependerdes, todos igualmente perecereis" (Lucas 13:5).

Sempre que nos deparamos com doenças, deformidades, desastres, ou com vítimas de acidentes, somos lembrados de que não somos melhores que eles. Isso é portanto, um chamado para o arrependimento para todos nós.

Algo a mais que pode nos ajudar quando estamos face a face com estes fatos perturbadores de nossa vida é a percepção de que (1) Deus não necessariamente causou estas circunstâncias, e que (2) Ele sofre com os que sofrem. O mundo como nós o conhecemos hoje, está sob a maldição que Deus proferiu no início da história humana (Gênesis 3:17-19). Paulo personificou a criação do mundo não humano, animado e inanimado, como esperando ansiosamente pelo dia em que Cristo retornará, porque o mundo será então liberto da frustração e da dor que suporta devido a presença do mal (Romanos 8:18-25).

SOFRIMENTO

Em algum momento no passado, quer depois da queda de Satanás ou de Adão, Deus introduziu ou permitiu que entrasse no mundo um elemento de desordem. Um aluno de geologia do Ensino Fundamental sabe que a crosta da Terra é um vasto cemitério de espécies que vieram à existência, mas que não sobreviveram por muito tempo. Os cientistas geralmente se referem a isso como algo gerado pelo acaso, porque assim nos parecem. (Mas não para Deus.) Talvez esse elemento de desordem seja a causa imediata de muitas das misérias do mundo — desastres naturais, acidentes, deformidades de nascimento e doenças que debilitam.

Hoje o conhecimento de fatores genéticos torna possível prever que os membros de algumas famílias serão portadores de diabetes, doenças cardíacas, câncer e outras doenças. Talvez possamos atribuir isto à "norma naturalista", quer dizer, Deus normalmente permite que a natureza aja dessa forma. Ele administra esse tipo de mundo. Contudo, ao permitir esses fatos, Ele também se envolve pessoalmente em cada situação. E Deus não tem prazer em ver as pessoas amargurarem tristeza e dor.

Quando Jesus estava aqui como o Deus encarnado, mostrou a atitude do Pai celestial em relação às doenças e dificuldades, tratando-as como inimigos — curando os doentes, dando visão aos cegos, possibilitando aos aleijados que usassem seus membros. O apóstolo João ao ver os enlutados chorando a morte de Lázaro nos disse que Jesus "...agitou-se no espírito e comoveu-se" (João 11:33).

Muitos estudiosos assinalam que a palavra grega traduzida como "agitou-se" normalmente denota ira. Juntamente à Sua aflição (Jesus "comoveu-se"), experimentou a sensação de indignação e raiva. Esse sentimento aparentemente tomou conta dele, enquanto pensava em toda a dor e tristeza que Satanás e o pecado trouxeram para o mundo.

Consola-nos compreender que muitas dores e tristezas dos nossos pecados que invadiram o mundo acontecem por meio de agentes naturais ou por meio dos inimigos de Deus. Mas acima de tudo, é confortante saber que Deus está no controle e que Ele sofre conosco. É de grande ajuda acreditarmos que Ele tem boas justificativas para tudo que acontece, ainda que não possamos vê-las.

Além disso, sejamos cuidadosos em evitar enfatizar aquilo que é adverso, desagradável e doloroso na vida. A maioria das pessoas — inclusive as que vivem na mais terrível pobreza ou suportam dores diariamente, ou superam dificuldades severas — amam a vida suficientemente para querer continuar vivendo. Há riso nos guetos. Sorrisos adornam os rostos de tantas pessoas carentes que não sabem se terão ou não o que comer amanhã.

Sim, existe muito sofrimento. Mas nós suportamos um de cada vez, e recebemos graça quando olhamos para Deus. Sim, às vezes, nós sofremos profundamente. Mas depois de um tempo, a dor diminui e podemos prosseguir.

Por que Deus permite que a história da humanidade continue geração após geração apesar de a maioria da humanidade morrer sem fé em Cristo e ir para o inferno eterno? Não estamos na posição de acusar Deus de ser cruel por permitir que a história da humanidade prossiga. O apóstolo Pedro declarou que esse é um sinal do amor e paciência divino, porque Ele não quer "...que nenhum pereça, senão que todos cheguem ao arrependimento" (2 Pedro 3:9). Deus nos dá um tempo extra para que mais pessoas possam ser salvas.

A glória do céu é tão maravilhosa que não podemos compreendê-la. Que bom que Deus é tão paciente! E, assim como não podemos conceber a glória dos céus, não podemos compreender a condição eterna daqueles que morrem como rebeldes contra Deus. Fazemos melhor simplesmente afirmando o ensinamento bíblico de que o Todo-poderoso será perfeitamente justo e verdadeiro. Alguns receberão uma punição pequena (Lucas 12:47,48). Paulo declarou que

Deus levará em consideração todos os fatores como o conhecimento disponível e a oportunidade (Romanos 2:1-16).

Gostaríamos de acreditar na salvação universal — que todas as pessoas finalmente se renderão a Jesus Cristo e aceitarão que Jesus é o único caminho de Deus para salvação — mas a Bíblia não nos permite ter esta visão. Gostaríamos, também, de acreditar na aniquilação dos perdidos depois de serem julgados e punidos, porém essa ideia também não tem fundamentação bíblica.

A existência eterna, mesmo o inferno, é um tributo à singularidade humana. Ela amplia a importância da nossa decisão neste mundo. Alguns estudiosos especulam que até no inferno as pessoas escolheriam a consciência contínua à extinção do ser. Talvez sim. Talvez não. Unimo-nos a Abraão ao fazermos a pergunta retórica, "…Não fará justiça o Juiz de toda a terra?" (Gêneses 18:25). E, podemos descansar na resposta implícita, "Sim, Ele fará justiça."

Implicações Práticas

A vida é difícil. Às vezes não é fácil saber em que acreditar. Mas Deus não nos deixou sem luz. Mesmo na escuridão dos desastres naturais, doenças devastadoras, e injustiças dolorosas, o Senhor colocou em nossos corações o conhecimento do bem e do mal. No fundo, nós compreendemos a nossa responsabilidade de escolher fazer o bem.

Nesta consciência, Deus agora nos convida a tomar uma atitude em relação à luz que Ele nos deu, e a prosseguir por uma vida de amor, obediência e confiança.

Entregue-se à luz

A imagem perfeita do Pai veio ao nosso planeta na pessoa de Jesus Cristo. Ele compartilhou as nossas dores e sentiu as nossas decepções e tristezas. Viveu sem pecado, mas morreu numa cruz como se fosse pecador. Ele o fez para levar a punição por nossos pecados. Paulo declarou que: "Aquele que não conheceu pecado, ele o fez pecado por nós; para que, nele, fôssemos feitos justiça de Deus" (2 Coríntios 5:21). Assim, no terceiro dia após a Sua crucificação, Jesus saiu do túmulo num corpo humano glorificado.

Tudo isto é história completamente confirmada. Os fatos são devidamente atestados. Portanto, reconhecer a nossa pecaminosidade, e acreditar no que a Bíblia relata sobre Jesus Cristo e a salvação, não é um salto no escuro. Antes, é um passo para a luz. Jesus declarou, "Em verdade, em verdade vos digo: quem ouve a minha palavra e crê naquele que me enviou tem a vida eterna, não entra em juízo, mas passou da morte para a vida" (João 5:24). O apóstolo Paulo, cuja conversão à fé em Cristo é um dos acontecimentos mais significativos da história da Bíblia, escreveu, "...A palavra está perto de ti [...] a palavra da fé que pregamos. Se com a tua boca confessares Jesus como Senhor e, em teu coração, creres que Deus o ressuscitou dentre os mortos, serás salvo" (Romanos 10:8,9). Comprometer-se com Cristo, é caminhar na luz!

Comprometa-se a amar

Para ser o tipo de cristão que experimentará a bondade de Deus e a realidade da Sua salvação, devemos nos comprometer com uma vida marcada pelo amor genuíno — amor por Deus e pelos outros. Jesus resumiu os mandamentos da lei do Antigo Testamento:

> *...Amarás o Senhor, teu Deus, de todo o teu coração, de toda a tua alma e de todo o teu entendimento[...] Amarás o teu próximo como a ti mesmo* (MATEUS 22:37-39).

Isto significa agradar a Deus mais do que agradar a nós mesmos. Significa sair de nossa comodidade, doando e perdoando em todos os nossos relacionamentos terrenos. Significa que com nossas doações em dinheiro e serviço voluntário faremos o que for possível para alcançar as pessoas com o evangelho, alimentar os que têm fome, abrigar os sem-teto, resgatar os que estão prostrados. Podemos fazer muito para aliviar o sofrimento ao nosso redor. É uma vida de submissão ao desafio de Jesus:

> *...Se alguém quer vir após mim, a si mesmo se negue, dia a dia tome a sua cruz e siga-me. Pois quem quiser salvar a sua vida perdê-la-á; quem perder a vida por minha causa, esse a salvará* (Lucas 9:23,24).

Comprometa-se a obedecer

O compromisso a obedecer é quase automático para um cristão comprometido a amar a Deus e aos outros. Isto significa que buscaremos as orientações nas Escrituras, e que nos empenharemos a obedecer cada comando. Iremos orar porque somos ordenamos a orar (1 Timóteo 5:17). Respeitaremos e nos submeteremos às autoridades administrativas porque somos ordenados a fazê-lo (Romanos 13:1-7). Levaremos a sério as nossas responsabilidades como cidadãos cristãos e defenderemos a verdade e a justiça. Submeter-nos-emos ao que a Bíblia diz sobre casamento e divórcio. Respeitaremos as plantas e os animais, fazendo o nosso melhor para cumprir a nossa responsabilidade de governar e proteger a Terra como representantes de Deus (Gênesis 1:26-28).

As pessoas que amam e obedecem a Deus terão a alegre conclusão: "...Se alguém me ama, guardará a minha palavra; e meu Pai o amará, e viremos para ele e faremos nele morada" (João 14:23).

Comprometa-se a confiar

Os cristãos não estão isentos de dor e tristeza. Seus amados morrem em acidentes de carro como qualquer outra pessoa. Desenvolvem câncer. Quando um desastre natural como um terremoto acontece, os cristãos e não-cristãos são atingidos. Deus não nos considera animais de estimação cósmicos quando acreditamos nele. Se Ele fizesse isso, poderíamos nos tornar complacentes e orgulhosos, e isso poderia convencer as pessoas a se tornarem cristãs pelos benefícios terrenos que teriam. Jó sofreu, e pelo sofrimento conheceu Deus de uma perspectiva diferente.

Na carta de 2 Coríntios 11, Paulo disse que sofreu no serviço do Senhor com açoites repetitivos, três naufrágios, um apedrejamento, fome e frio, em trabalhos e fadigas e com aprisionamentos. Depois falou de um "espinho na carne" e como tinha orado três vezes para que este fosse removido, e no final ouviu Deus dizer-lhe que o espinho iria permanecer. Mas o Senhor lhe garantiu: "A minha graça te basta, porque o poder se aperfeiçoa na fraqueza" (2 Coríntios 12:9). Paulo conseguiu aceitar a vontade de Deus com alegria:

> *De boa vontade, pois, mais me gloriarei nas fraquezas, para que sobre mim repouse o poder de Cristo. Pelo que sinto prazer nas fraquezas, nas injúrias, nas necessidades, nas perseguições, nas angústias, por amor de Cristo. Porque, quando sou fraco, então, é que sou forte* (2 Coríntios 12:9,10).

O apóstolo Pedro, escrevendo aos cristãos que estavam começando a sofrer a perseguição, lhes disse para que esperassem e aceitassem os maus-tratos da mesma forma que Jesus tinha feito, sem ressentimento ou desejo de retaliação:

SOFRIMENTO

...pois ele, quando ultrajado, não revidava com ultraje; quando maltratado, não fazia ameaças, mas entregava-se àquele que julga retamente (1 Pedro 2:23).

Jesus e também o apóstolo Paulo nos lembram de que o sofrimento é só por um pouco de tempo, mas a glória é para sempre (Romanos 8:18; 2 Coríntios 4:16-18; 1 Pedro 5:10). O que Cristo fez quando enfrentou o sofrimento que veio com Seu julgamento e Sua crucificação? Pedro disse que "entregava-se àquele que julga retamente" (1 Pedro 2:23).

Como Paulo agiu em meio a todo o seu sofrimento? Vemos que ele confiou em Deus e descobriu que ele era mais forte espiritualmente quando estava mais fraco fisicamente. Enquanto aguardava seu julgamento numa masmorra, escreveu com confiança:

Quanto a mim, estou sendo já oferecido por libação, e o tempo da minha partida é chegado. Combati o bom combate, completei a carreira, guardei a fé. Já agora a coroa da justiça me está guardada, a qual o Senhor, reto juiz, me dará naquele Dia; e não somente a mim, mas também a todos quantos amam a sua vinda (2 Timóteo 4:6-8).

Vamos nos comprometer a confiar em Deus. Se assim o fizermos, descobriremos que a Sua graça é suficiente para nos trazer a vitória sobre as piores experiências que a vida nos trouxer.

Não há respostas fáceis. Mas podemos nos comprometer com Cristo, e com a obediência e uma vida de plena confiança alicerçada no amor. E quando o fizermos poderemos experimentar a verdade descrita na carta de 1 João: "...esta é a vitória que vence o mundo: a nossa fé" (5:4).